MARCO POLO

NORWEGEN

Reisen mit **Insider Tipps**

> Norwegen hält vor allem eine große Vielfalt an Landschaften voller Überraschungen bereit. Trubel und Hektik gehören in die Großstadt. Und davon, das sagen selbst die Norweger, gibt's im Land bestenfalls eine.

MARCO POLO Autor
Jens-Uwe Kumpch
(siehe S. 139)

W0244751

Spezielle News, Lesermeinungen und Angebote zu Norwegen:
www.marcopolo.de/norwegen

NORWEGEN

> SYMBOLE

Insider Tipp

MARCO POLO INSIDER-TIPPS
Von unserem Autor für Sie entdeckt

MARCO POLO HIGHLIGHTS
Alles, was Sie in Norwegen kennen sollten

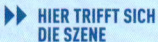
SCHÖNE AUSSICHT

WLAN-HOTSPOT

HIER TRIFFT SICH DIE SZENE

> PREISKATEGORIEN

HOTELS
€€€   über 110 Euro
€€   85–110 Euro
€   bis 85 Euro
Die Preise gelten pro Nacht für zwei Personen im Doppelzimmer mit Frühstück

RESTAURANTS
€€€   über 45 Euro
€€   30–45 Euro
€   bis 30 Euro
Die Preise gelten für ein Essen mit Vor-, Haupt- und Nachspeise, mit Softdrink, aber ohne Alkohol

> KARTEN

[126 A1]   Seitenzahlen und Koordinaten für den Reiseatlas Norwegen

[U A1]   Koordinaten für die Oslo-Karte im hinteren Umschlag

[0]   außerhalb der Oslo-Karte

Zu Ihrer Orientierung sind auch die Orte mit Koordinaten versehen, die nicht im Reiseatlas eingetragen sind

INHALT

> SZENE

S. 12–15: Trends, Entde-
ckungen, Hotspots! Was
wann wo in Norwegen
los ist, verrät der MARCO
POLO Szeneautor vor Ort

> 24 STUNDEN

S. 104/105: Action pur
und einmalige Erlebnisse
in 24 Stunden! MARCO
POLO hat für Sie einen
außergewöhnlichen Tag
in Oslo zusammen-
gestellt

> LOW BUDGET

Viel erleben für wenig Geld!
Wo Sie zu kleinen Preisen
etwas Besonderes genießen
und tolle Schnäppchen
machen können:

Preiswertes Quartier in Oslo
S. 34 | Pizza gut und günstig
in Bergen S. 53 | Kostenlose
Besichtigungen in Trondheim
S. 66 | Ökokulinarisches für
Schlemmer S. 76 | Eintritt frei
bei den Wikingern S. 82 |
Gratistage beim Musikfestival
S. 88 | Nächtigen ganz nah
am Nordkap S. 97

> GUT ZU WISSEN

Was war wann? S. 10 | Spe-
zialitäten S. 26 | Blogs &
Podcasts S. 43 | Bücher &
Filme S. 56 | Unendliche
Küste S. 72

AUF DEM TITEL
Træna: Eine traumhafte In-
sel am Polarkreis S. 75
Sportler-Mekka Nordland
S. 108, 109

ENTDECKEN SIE NORWEGEN!

Unsere Top 15 führen Sie an die traumhaftesten Orte und zu den spannendsten Sehenswürdigkeiten

Die Highlights sind in der Karte auf dem hinteren Umschlag eingetragen

 Holmenkollen
Die prachtvolle Sprungschanze am Stadtrand von Oslo ist eine Art Kultstätte. Der Blick von oben bringt das Umland ganz nah (Seite 39)

 Geirangerfjord
Norwegens Bilderbuchfjord sollten Sie auf dem Wasser oder aus großer Höhe erkunden (Seite 49)

 Runde
Eine kleine Wanderung und ein großes Erlebnis direkt an der Nordsee auf der Vogelinsel vor Ålesund (Seite 50)

 Bryggen
Das Speicherviertel am Hafen in Bergen ist weit mehr als nur die Erinnerung an die hanseatische Glanzzeit (Seite 51)

 Hardangervidda
Klassisches Wandergebiet – im Schnee wie im Hochsommer (Seite 54)

 Flåmsbahn
Eine Bahnreise durch das Hochgebirge bis an den Fjord (Seite 58)

 Lysefjord
Die „Kanzel" ist der wohl schönste Aussichtspunkt in Westnorwegen (Seite 61)

 Nidarosdom
Norwegens Nationalheiligtum in Trondheim ist das größte mittelalterliche Bauwerk in Skandinavien (Seite 66)

> DIE BESTEN MARCO POLO HIGHLIGHTS

⭐ Kjerringøy
Wer die Romane von Knut Hamsun kennt, wird sich für den alten Handelsplatz am Vestfjord begeistern (Seite 73)

⭐ Saltstraumen
Beim Blick von der Brücke kann es einem schwindelig werden: Viermal täglich donnert das Wasser mit hoher Geschwindigkeit durch den Sund bei Bodø. Angler finden hier ihr Paradies (Seite 74)

⭐ Trollfjord
Dramatisch schöner und sehr schmaler Wasserweg im Herzen der Lofoten, der zu den absoluten Höhepunkten einer Hurtigruten-Reise gehört (Seite 82)

⭐ Tromsø
Lebensfreude am Eismeer: Die Menschen im „Paris des Nordens" zeigen sich gern als weltoffene Gastgeber (Seite 86)

⭐ Andenes
Der Ort auf der Vesterålen-Insel Andøya lockt mit schneeweißen Sandstränden am Nordmeer (Seite 89)

⭐ Alta Museum
Drei Kilometer Spazierwege durch ein Kunstwerk, das teils vor über 5000 Jahren begonnen wurde (Seite 91)

⭐ Nordkap
Eine Sommernacht bei klarem Himmel, in der die Sonne kaum das Meer berührt, ist unvergesslich (Seite 94)

WAS
FÜR
EIN
LAND!

> Schären und Inseln vor der Küste, die von Gletschern, Gebirgen und Hochebenen eingerahmten Fjorde und die weiten Waldlandschaften im Osten machen Norwegen zu einem Paradies für Naturliebhaber. Vor dem zweiten EU-Nein 1994 kam der Begriff „Andersland" auf. Die Lage am Nordrand Europas, die Extreme in Natur und Klima, die in uralten Traditionen verhaftete Kultur und die eher verschlossenen, doch gastfreundlichen Einwohner begründen diesen Begriff jenseits der politischen Diskussion. Urlauber wissen es zu schätzen, dass die Uhren in Norwegen etwas anders gehen.

> Eine Mittsommernacht irgendwo an der Küste weit nördlich des Polarkreises: weißer Sand, blaues Meer, blank gewaschene Felsen und die Sonne, die sich am Horizont langsam auf die Wasseroberfläche zubewegt, um wenige Minuten später wieder aufzusteigen. Selten sind die Nächte, in denen sich weder Wolken noch Nebel oder Wind in das vollkommene Naturerlebnis drängen. In den Häusern in Strandnähe wohnen Menschen, die ihr Land auch anders kennen: Mit massiven Eisenketten haben sie den Dachstuhl im Erdboden verankert, denn mit der Natur und ihren Launen ist nicht zu spaßen. Auch nach einer milden Mittsommernacht kann Wind aufkommen, kann plötzlicher Nebel die Boote in die Häfen zurückjagen. Natürlich gibt es im Winter wunderschönes Nordlicht – aber auch Orkane und eisigen Regen.

In Norwegen, so scheint's, gehen die Uhren anders. Das hat vielleicht mit der Lage und besonderen Topografie des Landes zu tun, ganz sicher aber mit dem Nationalstolz der Einwohner. Sie haben sich zweimal gegen die EU entschieden, selbst die Unterzeichnung des Vertrages über den gemeinsamen Binnenmarkt stieß bei der Bevölkerung auf große Widerstände. Der Grund dafür könnten die

> Zwischen Hügeln und Felsen draußen am Meer ...

Reichtümer sein, die sich auf dem Kontinentalsockel vor Norwegens Küste unter dem Meeresboden verbergen. Jedes Jahr verkauft Norwegen Erdöl und Erdgas für rund 55 Mrd. Euro. Die Norweger wissen von ihrem Glück, wissen, dass das schwarze Gold ihre Löhne sichert

und die Staatskassen klingeln lässt. Richtig stolz aber sind sie auf das, was ihr Land zwischen Skagerrak und Nordkap zu bieten hat.

Der Dichter und Sprachforscher Ivar Aasen schrieb Mitte des 19. Jhs. das Gedicht „Der Norweger". Als Lied wird es schon in der Grundschule gelehrt und am 17. Mai, dem Nationalfeiertag, gesungen: „Zwischen Hügeln und Felsen draußen am Meer hat der Norweger seine Heimat gefunden, wo er selbst seine Grundstücke ausgegraben und auch selbst seine Häuser hat gebaut." Dem harten Klima und der extremen Topografie getrotzt und das Land nutzbar gemacht zu haben, erfüllt die Norweger mit Stolz. Ihr Verhältnis zur Natur ist von tiefstem Respekt geprägt. Sie gehen sonntags *på tur*, also durch den Wald oder auf den nächsten Gipfel, gehen angeln, Beeren pflücken oder Pilze sammeln. Zu den vielen Veranstaltungen am 17. Mai gehört der Freilichtgottesdienst auf dem Hardangerjøkulen – bis zu 3000 Menschen wandern auf ihren Skiern auf den 1800 m hohen Gletscher, um daran teilzunehmen. So wird die Natur zum Tempel.

Die landschaftliche Schönheit Norwegens offenbart sich bald hinter dem dicht besiedelten Speckgürtel an der Küste Südnorwegens. Im Gebiet bis Trondheim liegen neun der zehn größten Städte des Landes. Allein im Großraum Oslo sind gut eine Million der rund 4,7 Mio. Einwohner zu Hause, während in den drei nördlichen Verwaltungsbezirken (Fylke) nur gut zehn Prozent der Bevölkerung wohnen. Das Königreich Norwegen besteht aus 19 Fylke und 435 Kommunen. Die kleinste ist die Insel Utsira nordwestlich von Stavanger mit 256 Einwohnern auf 6 km². In Kautokeino in der Finnmark teilen sich rund 3000 Einwohner 9704 km² – eine gut zehnmal größere Fläche

Die Regierung wird vom Parlament (Storting) gewählt, dessen 165 Abgeordnete alle vier Jahre gewählt werden. Die sieben im Storting vertretenen Parteien unterscheiden sich in ihren Programmen nicht sonderlich. Nach vielen Jahren mit Minderheitsregierungen bilden die Arbeiterpartei

Zum Sommer gehören Lagerfeuer bis spät in die Nacht: Mitternachtssonne auf Svalbard

als Berlin. Da nur gut drei Prozent Norwegens landwirtschaftlich genutzt werden, bleibt viel Platz für Freizeitaktivitäten. Insgesamt ist Norwegen ohne die arktischen Inselgruppen Svalbard und Jan Mayen 323 364 km² groß, die Einwohnerdichte liegt bei knapp vierzehn Menschen pro Quadratkilometer.

(AP), die Sozialistische Linkspartei (SV) und die in den ländlichen Ge-

> *In Norwegen gibt es viel Platz für Freizeitaktivitäten*

bieten starke Zentrumspartei seit 2005 eine Mehrheitskoalition. Größ-

8000 v. Chr. Mit dem Ende der Eiszeit folgen die ersten Menschen Rentieren und anderem Jagdwild nach Norden

7000–4000 v. Chr. Besiedlung der Finnmark. Im Süden Übergang zur Agrarkultur

1500–500 v. Chr. Bronzezeit. Im Süden vorwiegend bäuerliche Kulturformen, im Norden hauptsächlich Jagdkultur

793–1066 Wikingerzeit

872 Harald „Schönhaar" Hårfagre eint große Teile Norwegens. Der teils blutige Einigungsprozess setzt sich noch rund 200 Jahre fort

um 1250 Die Hanse richtet Niederlassungen ein und beutet das Land aus

1349–50 50 bis 60 Prozent der Bevölkerung fallen der Pest zum Opfer

1397 Kalmarer Union (Dänemark, Schweden und Norwegen; bis 1523)

1814 Dänemark tritt Norwegen an Schweden ab. In Eidsvoll wird am 17. Mai das norwegische Grundgesetz verabschiedet

1905 Norwegen löst sich aus der Union mit Schweden

1940–45 Besetzung Norwegens durch die deutsche Wehrmacht

Mitte der 1960er-Jahre Erste vielversprechende Ölfunde in der Nordsee

1972 Bei der ersten EU-Abstimmung votieren 53 Prozent der Norweger gegen eine Mitgliedschaft

1991 Harald V. wird König

1994 Zweites Nein der Norweger zu einer EU-Mitgliedschaft

2006 Das Volumen des norwegischen Erdölfonds übersteigt 1700 Mrd. NOK

te Oppositionspartei ist die populistische Fortschrittspartei. Sie will zahlreiche Subventionen – u. a. für die Landwirtschaft – abschaffen, staatliche Aufgaben privatisieren und weitaus mehr Mittel aus dem staatlichen Erdölfonds für Straßenbau, Gesundheitswesen, öffentliche Ordnung und Militär aufwenden. Sie träumt von Norwegen als „Kuwait des Nordens", in dem es keine Steuern gibt und weniger gearbeitet wird. Ebenfalls im rechten Parteienspektrum befindet sich Høyre. Als traditionsreiche Partei sucht sie die Nähe zu den Christdemokraten und der bürgerlichen Venstre. Diese Parteien halten wie die Dreierkoalition am Sozialstaat, an einer starken Distriktspolitik und einer behutsameren Verwaltung der Reichtümer des Landes fest.

Seit Jahren ist Norwegen laut UNDP – dem Entwicklungsprogramm der Vereinten Nationen – weltweit das „lebenswerteste" Land. Faktoren wie Lebenserwartung, Bildungsniveau und Durchschnittseinkommen zeigen, dass es sich im Land der Mitternachtssonne gut leben lässt. Trotzdem wollen immer mehr Norweger einen größeren Anteil aus dem staatlichen Spartopf nutzen, um Lebensmittel, Benzin und Alkohol billiger zu machen und Renten wie Löhne zu erhöhen. Eine andere Herausforderung des 21. Jhs. ist das Verhältnis zwischen Stadt und Land. Vier von fünf Norwegern wohnen in Städten oder größeren Orten. Die Städte werden attraktiver, weil es dort bessere Arbeits-, Freizeit- und Kulturangebote gibt. In den kleineren

Orten in Nordnorwegen und auf den Inseln schrumpfen die Einwohnerzahlen trotz massiver Steuererleichterungen, Arbeitsplätze und Angebote verschwinden. Einzige Hoffnung ist der tief verwurzelte Stolz der Norweger auf ihre Heimat und ihre Traditionen. Die Menschen wollen nicht loslassen, was die Natur ihnen gegeben hat und was sie selbst geschaffen

> **Die Menschen in Norwegen nehmen sich Zeit**

haben. Glücklicherweise, denn die Begegnung mit der Vielfalt und den Gegensätzen dieses Landes wäre ohne die Menschen nicht möglich. Sie nehmen sich Zeit – Zeit zum Erleben, zum Genießen und zum Gespräch. Trubel und Hektik gehören in die Großstadt. Und davon, das sagen selbst die Norweger, gibt's im Land bestenfalls eine.

Norwegen hält vor allem eine große Vielfalt an Landschaften voller Überraschungen bereit. In riesigen Wäldern verbergen sich fischreiche Seen und Flüsse, Hochebenen werden vom ewigen Eis der Gletscher überragt, Hochgebirge von mächtigen Tälern gespalten. Die Küste ist übersät von Tausenden Inseln und Schären und aufgerissen von Fjorden, die weltweit einzigartig sind. Ebenso wie das stille Nordmeer in einer Mittsommernacht sind sie Ausdruck einer mächtigen Natur. In Norwegen bietet jeder Augenblick wahrhaft einen neuen Blick, und wer sich mit allen Sinnen auf dieses Land einlässt, wird vor allem eines erleben: Harmonie.

Den Naturgewalten ausgesetzt: Häuser beim Moskenesstraumen auf den Lofoten

▶▶ TREND GUIDE NORWEGEN

Die heißesten Entdeckungen und Hotspots! Unser Szene-Scout zeigt Ihnen, was angesagt ist

Eirik Stegarud

ist leidenschaftlicher Taucher und Sales-manager bei *Arrangement Compagniet AS* (*www.arrcom.no*). Die Eventagentur organisiert spektakuläre Abenteuer und Firmenevents von Whiskey-Seminaren über Autocross bis hin zum Überlebenstraining. Seine Lieblingstauchspots: das Rote Meer und die norwegische Westküste.

▶▶ NORSK INTERIORS

Stilvoll leben

Eine junge Generation von Designern bringt Frische in die norwegische Interior-Design-Szene. Der Mut zur Kreativität wird durch den *Young Talent Award* gefördert, der dem Designnachwuchs die Chance gibt, Projekte vorzustellen und Produkte zu promoten (*www.norskdesign.no*). Im *Norwegian Centre for Design and Architecture* gibts einmal pro Monat ein Design Break-

fast (*Hausmannsgate 16, Oslo, www.doga.no*, Foto). Neuer Hotspot für Innenausstattung ist das *House of Oslo* (*Ruseløkkveien 26, www.houseofoslo.no*): Interior Design auf 14 000 m² – von der Gabel bis hin zum Sofa – von internationalen und skandinavischen Labels. Neue Designtrends finden sich auch in kleinen Shops wie *Pur Norsk* in Oslo (*Thereses gate 14, www.purnorsk.no*), *Norway Designs* in Trondheim (*Thomas Angells gate 14, www.norwaydesigns.no*) und dem Laden der aufstrebenden Designergruppe *Norway Says* in Oslo (*Thorvald Meyers gate 15, www.norwaysays.com*).

SZENE

▶▶ LAMPENFIEBER

Paradies für Cineasten

Die Filmszene boomt! Die Norweger gehen liebend gern ins Kino – besonders in der dunklen Jahreszeit. Der absolute Traum für Filmfans ist das weltgrößte THX-Auditorium, Oslos *Colosseum (Fridtjof Nansens vei 6, www.oslokino.no)*. Für lange Kinonächte ist Norwegen ideal, denn: Dokumentarfilm, Kinderfilm, Kurz- oder Trickfilm – für jedes Genre gibt es mittlerweile ein eigenes Festival! Zu den Topevents gehören das *Oslo International Filmfestival (www.oslo*

filmfestival.com), das *Bergen International Film Festival (www.biff.no)* und *Kosmorama*, das internationale Filmfestival in Trondheim *(www.kosmorama.no,* Foto*)*.

▶▶ GRÜNERLØKKA

Oslos Greenwich Village

Einst graues Arbeiterviertel, heute ein beliebter Wohnort für Künstler und Designer. Die Rede ist von Grünerløkka. Trendbars, Cafés, Galerien und kleine Boutiquen ziehen Trendsetter an. Die angesagtesten Treffpunkte für den Abend sind die *Bar Boca (Thorvald Meyers gate 30, www.barboca.no)* oder der *Blå Jazzclub (Brenneriveien 9, www.blx.no)*. Auf der Suche nach Designerstücken? In kleinen Shops und größeren Ladenketten wird man fündig! Kleidung, Taschen, Schmuck und Geschenke von Independent-Labels gibt's bei *Concept (Steenstrups gate 12, www.smykkegal.no,* Foto*)*, Designermode und Abendgarderobe für Mamis in spe, trendige Kinderkleidung und sogar ein Babycafé bei *Den Kule Mage (Markveien 55, www.denkulemage.no)*.

▶▶ TRENDSPORT SNOWKITEN

Eiskalter Geschwindigkeitsrausch

Schneller fahren, höher springen – und das mit Hilfe eines Drachens auf Ski oder Snowboard. Norwegen gilt als Mekka für Snowkiter. Vor allem das Hardangervidda-Plateau zieht von Dezember bis Mai die Weltelite der Snowkite-Szene an. Übernachtet wird in Haugastøl – kein Wunder, schließlich kann man hier direkt vor der Haustür den Drachen steigen lassen *(Tel. 32 08 75 64, www.haugastol.no)*. Kurse gibts bei *Fluid (Kirkeveien 157, Oslo, www.fluid.no, Foto)*. Auch in Hemsedal, Trysil, Veggli und Geilo kann auf Schnee gekitet werden.

▶▶ WELLNESSWELLE

Norwegens neue Spas

Saunas sind hoch im Norden nichts Neues, doch nun sind die Norweger auch auf den Wellnesszug aufgesprungen: Im ganzen Land eröffnen durchgestylte Spas. Ultraschick: Das *Artesia* in Oslos *Hotel Continental (Majorstuveien 36, www.artesia.no)* und das Spa des Designhotels *Grims Grenka* in Oslo *(Kongens gate 5, www.grimsgrenka.no)*. Auch außerhalb Oslos kann man sich nach allen Regeln der Kunst rundum verwöhnen lassen: Das *Quality Spa & Resort Kragerø (www.kragerospa.no, Foto)* in der Telemark bietet eine 1250 m² große Spa-Anlage mit einem nicht nur für skandinavische Verhältnisse außergewöhnlich großen Behandlungsangebot.

▶▶ MUSIKSZENE

Hier geht die Post ab!

Die norwegische Musikszene boomt wie nie! Ganz egal welche Musikrichtung – Rock, Pop, Jazz, Hip-Hop oder R'n'B –, norwegische Musiker wie *Röyksopp*, *Kings of Convenience*, *Turbonegro* und *Sissel* mischen auch international kräftig mit. Das kleine Bergen gilt als heimliche Musikhauptstadt *(www.visitbergen.com)*. Hier ist auch das norwegische Label *Tellé* zu Hause, das Größen wie die *Kings of Convenience* unter Vertrag hat *(www.telle records.com)*. Eine große Rolle für die dynamische Musikszene spielen zudem die unzähligen Festivals – über 200 sind es jährlich. Die heißesten sind: *Bergen International Festival (www.fib.no)*, *Nordnorwegen Festival (www.festspillnn.no)*, *Oslo Jazzfestival (www.oslojazz.no)* und *Øya Festival (www.oyafestivalen.com)*.

▶▶ HOTELHIMMEL

Übernachten wie im Märchen

Von durchgestylt bis eisig – avantgardistische Hotels sind in! Der *Ladies' Floor* des *Grand Hotels* in Oslo ist ein Must-see *(Karl Johans gate 31, www.ladiesfloor.no)*. 17 Räume mit exotischen Themen wie 1001 Nacht, Arctic oder Snowprincess sind speziell auf die Wünsche weiblicher Gäste abgestimmt. Yogamatten, In-Room-Beautyservice und Luxuskosmetik von *L'Occitane* verstehen sich dabei von selbst. Die Macher der einzelnen Zimmer ließen sich von Norwegens weiblichen Celebritys inspirieren, darunter Sportlerinnen, Künstlerinnen und Schauspielerinnen. Oslos erstes Designhotel wurde im August 2007 eröffnet: Das *Grims Grenka* trumpft mit einer Rooftop Lounge, Asian-Fusion-Restaurant, Privatkino und einer organischen Tea & Cocktail Bar auf *(Kongens gate 5, www.grimsgrenka.no*, Foto). Im Iglu-Hotel in Alta gibt's neben coolen Betten auch ein Restaurant, eine Sauna, Eisbar und Eisgalerie *(Sorrisniva 20, www.alta-friluftspark.no)*. Richtig abschalten lässt es sich im *Myken Fyr (www.myken.no)*, einem Leuchtturm auf einer kleinen Insel nördlich des Polarkreises. Nichtstun ausdrücklich erwünscht!

▶▶ FASHIONABLE

Norwegens Modenachwuchs

Auch in Sachen Mode sind die Norweger auf dem Vormarsch. So tragen Stars wie Robbie Williams, Penélope Cruz und Natasha Bedingfield die schicken Teile von *Moods of Norway*. Die Marke kombiniert internationale Trends mit traditionellem norwegischem Design *(Myrane 7, Stryn, www.moodsofnorway.com*, Foto). Typisch norwegisch: Ein pinkfarbenes Fischerboot, das Erkennungszeichen der Fashiondesigner, taucht auf Partys und Festivals im ganzen Land auf – und die Crew feiert kräftig mit! Fairer Handel steht im hohen Norden hoch im Kurs: Das Label *Fin* ist die erste ökologische Fairtrade-Modemarke der Welt *(Ikada, Sagveien 17, Oslo, www.finoslo.com)*. Wer jetzt an Schlabberpullis denkt, liegt jedoch total falsch! Die neue Kollektion der High-Fashion-Marke hat vor kurzem die Laufstege erobert und ist ab Frühjahr 2008 endlich in den Läden zu haben. Dass Strickmode nicht gleich Norwegerpulli ist, zeigt *Tulip & Tatamo* mit frechen Strickkleidern *(Pilestredet 41 A, Oslo, www.tulipogtatamo.no)*. Zweimal pro Jahr macht die *Oslo Fashion Week* mit Fashiondesign made in Norway von sich reden *(www.oslofashionweek.com)*.

> NORDLICHT UNTER DER MITTERNACHTSSONNE

Norwegen zeichnet sich nicht nur durch seine „Klassiker", sondern auch durch eine junge Kulturszene und beispielhafte Familienpolitik aus

BODENSCHÄTZE

Jedes Jahr investiert Norwegen mehr als 10 Mrd. Euro in die Erschließung neuer Öl- und Gasfelder auf dem Schelf. Die auf Sicht ertragreichsten Vorkommen liegen in der Norwegischen See und vor Nordnorwegen. Eine Industrie mit 30 000 unmittelbar Beschäftigten, die mehr als ein Viertel des Bruttoinlandsprodukts erwirtschaftet, ist auch davon abhängig, immer neue Felder zu finden. Umweltschutzorganisationen treten dafür ein, nördlich und westlich des Nordkaps nicht jedes Feld zu erschließen. Sie weisen dabei auf die extremen Wetterverhältnisse und die Eingriffe in die verwundbare Ökologie in der Barentssee hin.

Der Bergbau hat in Norwegen lange Tradition, hat aber, mit Ausnahme des Steinkohleabbaus auf Svalbard, an Bedeutung verloren.

Bild: Bohrinsel bei Stavanger

STICH WORTE

Heute arbeiten noch etwa 4000 Menschen in norwegischen Gruben.

FAMILIE

Die Gleichstellung von Mann und Frau ist weit vorangeschritten, der rechtliche Unterschied zwischen Ehen und nichtehelichen Lebensgemeinschaften fast ganz aufgehoben. In beinahe allen Familien sind beide Elternteile berufstätig. Norwegen hat die dritthöchste Geburtenrate in Europa, jede Norwegerin bekommt im Schnitt 1,8 Kinder. Die soziale Absicherung der Mütter und Väter ist vorbildlich. Die 44 Wochen Elternschaftsurlaub bei vollem Lohnausgleich (oder 54 Wochen mit 80 Prozent Gehalt) können sich die Eltern nach eigenen Wünschen aufteilen, und ein Elternteil kann mindestens zwei Jahre zu Hause bleiben, ohne den Arbeitsplatz zu verlieren.

FISCHEREI

Die norwegischen Hoheitsgewässer sind hochproduktive Gebiete, hier leben mehr als 200 Fischarten, Schalen- und Krustentiere. Mit einem Ausfuhrvolumen von rund 3 Mrd. Euro ist Norwegen immer noch weltgrößter Fischexporteur, der Anteil der gezüchteten Fische an der Ausfuhr beträgt 47 Prozent. Die Zahl der Fischer ist seit 1950 um fast 80 Prozent, die Fangmengen sind jedoch kaum gesunken. Wegen der bedrohten Bestände im Nordatlantik haben die EU, Norwegen, Russland, Island, die Faröer-Inseln und Grönland Maßnahmen gegen die verbotene Fischerei in diesen Gewässern beschlossen. Eine kleine, im Ausland umstrittene Nische ist der Walfang. Jedes Jahr zwischen Mai und Juli werden rund 600 Zwergwale abgeschossen, Fleisch und Speck werden jedoch nur im Inland verkauft.

KÖNIGSHAUS

Seit 1991 heißt Norwegens Regent Harald V. Als er 1968 eine Frau bürgerlicher Herkunft heiratete, schockierte dies die konservativen Kräfte im Land. Dass die norwegische Monarchie mit der Zeit gehen kann, bewies auch der 1973 geborene Thronfolger Haakon Magnus. Er heiratete 2001 Mette-Marit Tjessem Høiby, eine alleinerziehende Mutter eines Jungen. Bei den jungen Norwegern fand er dafür große Zustimmung. Wie den älteren Generationen ist auch ihnen wichtig, dass der König zwar etwas Besonderes, aber gleichzeitig „einer wie sie" ist.

MILITÄR

Die norwegische Verteidigung verfügt über Heer, Luftwaffe und Marine. Die Wehrpflicht für Männer zwischen 18 und 44 Jahren beträgt 12 Monate, Frauen können freiwillig Militärdienst leisten. Norwegen ist der nordöstliche Außenposten der Nato. Die gemeinsame Grenze mit Russland setzt jedoch ein gutes Verhältnis zum großen Nachbarn im Osten voraus. So dürfen ausländische Truppen nur bei Übungen ins Land, und die Stationierung von fremden Waffen auf norwegischem Territorium ist nicht vorgesehen.

MITTERNACHTS-SONNE

Durch das Fylke Nordland, auf 66° 33' nördlicher Breite, verläuft der Polarkreis. Nördlich davon geht die Sonne in den Tagen vor und nach dem 23. Juni nicht unter. Je weiter man nach Norden kommt, desto länger bleibt sie über dem Horizont. Am Nordkap ist *midnattssol* theoretisch vom 13. Mai bis zum 29. Juli zu sehen, doch leider ist dort die Sicht selten gut. In Tromsø geht die Sonne vom 20. Mai bis zum 22. Juli nicht unter, auf den Lofoten immerhin noch vom 28. Mai bis zum 14. Juli.

MUSIK

Norwegen ist die Heimat von Edvard Grieg (1843–1907). Seine Peer-Gynt-Suite gehört zu den meistgespielten klassischen Werken überhaupt. Ein wichtiger Inspirator für

Die Mitternachtssonne ist ein phantastisches Naturerlebnis

ihn war der Geiger Ole Bull (1810 bis 1880), der Mitte des 19. Jhs. mit seinem virtuosen Spiel vor allem das amerikanische Publikum begeisterte. Herausragend unter den gegenwärtigen jungen Interpreten klassischer Musik ist der Pianist Leif Ove Andsnes. Seine Schumann- und Haydn-Aufnahmen sind bereits Musikgeschichte. Weltbekannt sind auch der Cellist Truls Mørk und der Geiger Henning Kaggerud, der auch gern den Kontakt zum Jazz sucht. Jazz aus Norwegen hat einen buchstäblich guten Klang. Jan Garbarek, Sidsel Endresen, Bugge Wesseltoft, Nils Petter Molvær und Ole Amund Gjersvik sind in ganz Europa hoch geschätzte Künstler.

NATIONALPARKS

Es gibt auf dem norwegischen Festland 29 Nationalparks mit einer Gesamtfläche von fast 25 000 km². Hinzu kommen weit über 80 Landschaftsschutzgebiete, die vor Eingrif-fen zur Nutzbarmachung geschützt sind. Insgesamt unterliegen gut 40 000 km² dem Landschaftsschutzgesetz. Diese Flächen sollen eine vielfältige Fauna und Flora bewahren helfen und gleichzeitig dem Einzelnen das Recht sichern, sich in der Natur frei zu bewegen.

POLITIK

Nach zwei Volksabstimmungen steht Norwegen immer noch außerhalb der Europäischen Union, und die Norweger scheinen stolz darauf zu sein, dass sie ihre Selbstständigkeit zu bewahren verstehen. Norwegen ist durch und durch sozialdemokratisch. Ein gut ausgebauter Sozialstaat und ein überdurchschnittlich hoher Anteil an öffentlich Bediensteten lassen sich bezahlen, solange das Erbsilber in staatlicher Hand ist und der sogenannte Erdölfonds weiter in schwindelnde Höhen wächst. Der Staat verwaltet die Erdöl- und Erdgasvorkommen, hat die Mineralölgesellschaft

Statoil in seinem Besitz und hält den größten Aktienanteil am größten Konzern Norsk Hydro. Im politischen Alltag geht es eher geruhsam zu. Die Parlamentsabgeordneten und die Minister machen ihre Arbeit und bekommen ihre Gehälter, die – wie bei allen anderen im öffentlich Dienst Beschäftigten auch – nach Berufspraxis und Alter gestaffelt und für jedermann einsehbar sind. So bleiben Politiker „Leute wie du und ich".

RELIGION

Gesetze, Lieder und Monumente bezeugen, dass das Christentum Mitte des 11. Jhs. in Norwegen Fuß gefasst hatte. Die ersten Bistümer wurden kurz vor 1100 errichtet, das Bistum

Farbenfreude im winterlichen Weiß: Saminnen in ihrer Tracht

Nidaros (das spätere Trondheim) war ab 1152 Sitz des Erzbischofs. 1537 wurde die Reformation durch königlichen Erlass aus Kopenhagen verordnet. Seit dem frühen 17. Jh. war Luthers Lehre das einzige Glaubensbekenntnis in Norwegen. Heute sind etwa 86 Prozent der Norweger protestantisch und Mitglieder der Staatskirche. Rund 380 000 Norweger gehören anderen Glaubensgemeinschaften an – die größten sind die Pfingstgemeinde und der Islam. Nur knapp 46 000 Personen bekennen sich zum katholischen Glauben.

SAMEN

Vorsichtig geschätzt, gibt es rund 70 000 Samen, 40 000 bis 45 000 davon in Norwegen. Etwa 25 000 von ihnen leben im Fylke Finnmark. Um 1980 begann man, die Rechtslage der skandinavischen Urbevölkerung in Norwegen deutlich zu verbessern. 1989 wurde das samische Parlament Sameting als Rat gebendes Organ offiziell eröffnet. Im Kerngebiet des Sameland ist Samisch, das zu den finnisch-ugrischen Sprachen gehört, die Alltagssprache, in einigen Kommunen auch zweite offizielle Sprache. Neben Rentierhaltung und Fischerei sind Landwirtschaft, Handwerk und Dienstleistungen die wichtigsten Erwerbszweige der Samen.

SPRACHE

Es gibt zwei amtliche norwegische Schriftsprachen, Bokmål (Aussprache: *bukmol*) und Nynorsk. Die Unterschiede zwischen beiden sind nicht gravierend, die Gegensätze eher sprachpolitischer Natur. Nynorsk ist ein Konstrukt aus mehreren Dialekten, während Bokmål dem Dänischen entlehnt ist. Die meisten Bücher, Zeitschriften und Zeitungen erscheinen auf Bokmål. Die Einwohner einer Kommune entscheiden selbst, welche der beiden Sprachen Unterrichtssprache in der Grundschule sein soll. Die Schüler an weiterführenden Schulen müssen beide Sprachen schriftlich beherrschen.

STABKIRCHEN

Die gewöhnliche Stabkirche ist ein einfacher, verhältnismäßig kleiner Bau mit schmalerem Chor, dessen Wände aus Pfostenwerk bestehen. Die ältesten der noch erhaltenen 29 Stabkirchen wurden im 12. Jh. errichtet. Der Grund für ihre lange Haltbarkeit ist das solide Fundament: Es besteht aus Pfosten und Planken, die auf Schwellen stehen und deshalb nicht verfaulen können. Zentrales Element der Ausschmückung sind die geschnitzten Ornamente im Eingangsbereich. Diese Dekortradition geht wahrscheinlich auf die Tierornamentik der Wikinger zurück.

THEATER

Die Dramen von Henrik Ibsen (1828 bis 1906) werden auf den Bühnen der Welt aufgeführt, Figuren wie Nora, Peer Gynt, John Gabriel Borkman und die Frau vom Meer in allen großen Sprachen dargestellt. In seinem Heimatland war Ibsen zu Lebzeiten umstritten, das Ibsen-Jahr 2006 wurde dann aber mit einer prunkvollen Vorstellung vor den Pyramiden von

Die hölzernen Stabkirchen sind eine architektonische Besonderheit Norwegens

Gizeh gekrönt. Skien, Ibsens Geburtsstadt, feiert den Dichter jedes Jahr mit einem Kulturfestival. Das gibt es auch alle zwei Jahre am Osloer Nationaltheater. Und es gibt wieder einen norwegischen Dramatiker internationalen Formats: Mitte der 1990er-Jahre tauchten die Schauspiele von Jon Fosse auf den europäischen Bühnen auf. „Der Name", „Die Nacht singt ihre Lieder", „Das Kind", „Sommertage" oder „Schlaf" sind Stücke, die auch in Asien und Amerika oft aufgeführt werden.

GENUSS UND GESCHICHTEN

Vom tiefen Winter bis zur Sommersonnenwende gibt es viel zu feiern

OFFIZIELLE FEIERTAGE

1. Jan. *Neujahr;* **1. Mai** *Tag der Arbeit;*
17. Mai *Tag des Grundgesetzes;* **23. Juni**
Mittsommernacht mit Lagerfeuern,
Festen und viel Alkohol – auch wenn's
mitten in der Woche ist; **25./26. Dez.**
Weihnachten, gefeiert wird vom
24. Dez. nachmittags bis zum zweiten
Weihnachtstag. Bewegliche Feiertage:
*Gründonnerstag, Ostersonntag und
Ostermontag, Christi Himmelfahrt,
Pfingstsonntag und Pfingstmontag*

FESTE UND VERANSTALTUNGEN

Zweite Januarwoche
▶▶ *Internationales Filmfestival Tromsø:*
Die norwegische Festivalsaison wird bei
eisiger Kälte und völliger Dunkelheit eröffnet. Zum Trost gibt es das Nordlicht
und ein hervorragendes Programm mit
Filmen, die nicht in Hollywood entste-
hen. *www.tiff.no*
Zweites Märzwochenende
Holmenkollen-Skifestival in Oslo: Das
Skispringen an der berühmten Sprungschanze wird von bis zu 50 000 Zu-
schauern in ein Volksfest verwandelt.
www.holmenkollen-worldcup.no
Vossajazz: Wer die perfekte Synthese
von internationaler Volksmusik und Jazz
erleben möchte, sollte am Wochenende
vor Ostern ins westnorwegische Voss
fahren. Kein Lokal ist zu klein für dieses
Happening der World Music. *www.
vossajazz.no*

Inside Tipp

Ostern
⭐ *Osterfestival in Kautokeino und
Karasjok:* die samische Festwoche.
Dazu gehören Hochzeiten und andere
Familienfeste, Konzerte, Theater, Kunst,
Schneescooter- und Rentierrennen.
www.saami-easterfestival.org

Mai/Juni
⭐ Am 17. Mai ist der *Tag des Grundgesetzes,* an dem überall in Norwegen
bunte Umzüge mit viel Musik und wenig Uniformen stattfinden. Besonders
schön in Oslo (Kinderumzug zum
Schloss) und Bergen.

> EVENTS
FESTE & MEHR

▶▶ *Festspiele von Bergen* (www.fib.no) und *Nattjazz* (Nachtjazz): Ende Mai bis Anfang Juni steht Bergen zehn Tage lang kopf. Musikalische Vielfalt mit Topkünstlern aus aller Welt, aber auch Gratiskonzerte, Straßenmusik, Spontankunst. Am ersten Juniwochenende wird beim *Hardanger Musikfestival* Volksmusik, Kammer- und Kirchenmusik geboten, in einer Landschaft, in der Edvard Grieg viele seiner bekanntesten Stücke komponierte. *www.hardangermusikkfest.no* Ende Juni findet das ==Risør Kammermusikfestival== statt: Das Programm des fünftägigen Musikfestes am Skagerrak wird vor allem von Nachwuchsmusikern gestaltet – eine Mischung aus Hafenleben, Sommerfrische und klassischer Musik. *www.kammermusikkfest.no*

Insider Tipp

Juli
Das *Quart-Festival* in Kristiansand (erste Juliwoche) ist das wichtigste Open-Air-Festival für Rock, Pop und Techno. Es gibt zwei Bühnen sowie Musik und Feten bis in die Nacht. *www.quart.no*

In der dritten Juliwoche findet in Molde *Moldejazz* statt, das immer noch größte und, was die Umgebung anbetrifft, schönste der norwegischen Jazzfestivals: Weltstars und Clubbands, Konzerte an der Straßenecke, in intimen Bars oder auf einer Bühne im Freilichtmuseum. *www.moldejazz.no*
Schlacht von Stiklestad: Beim historischen „Spiel vom heiligen Olav" bei Verdal nördlich von Trondheim (letzte Juliwoche) werden in einem Freilichtmuseum die Ereignisse von 1030 wieder lebendig, als Olav seinen Kampf um die Krone mit dem Leben bezahlen musste. *www.stiklestad.no*

August
In der westnorwegischen Kleinstadt *Haugesund* werden beim Jazzfestival *Sildajazz* in der zweiten Augustwoche Ohrenschmaus und Gaumenfreuden miteinander verbunden. In Straßen und Kneipen gibt es traditionellen Jazz, am Hafen Hering in den verschiedensten Varianten. *www.sildajazz.no*

> FISKEBOLLER UND FINNEBIFF

Fisch spielt eine Hauptrolle in der norwegischen Küche,
aber es gibt auch delikate Gerichte mit Fleisch

> **Das Lieblingsessen traditionsbewusster Norweger heißt** *mors kjøttkaker* – **die von der Mutter zubereiteten Frikadellen veranschaulichen die norwegische Küche: Einfach und nahrhaft soll sie sein, Pfeffer und Salz zum Würzen sind meist genug.**
Generell kommen in Norwegen mehr Fisch- als Fleischgerichte auf den Tisch, und auch hier ist die einfache Zubereitung auffallend. Gesalzener Dorsch beispielsweise wird – nachdem er eine Viertelstunde in heißem

Wasser gelegen hat – nur mit Karotten, Kartoffeln und zerlassener Butter serviert. Zu den Fischgerichten zählen auch *fiskekaker* (Fischfrikadellen), *fiskeboller* (Fischklößchen) und *fiskepudding*. Es gibt sie in jedem Supermarkt, und sie werden in heller Soße oder einfach im Backofen warm gemacht.

Erstaunlich ist, wie viele Speisen aus der Fischer- und Bauerngesellschaft ihren Platz in der norwegi-

ESSEN & TRINKEN

schen Küche behalten haben. Am Samstag sind Pfannkuchen oder Milchbrei eine gute Wahl, am Sonntag der Braten, Kochfisch oder eben Frikadellen. Hammelfleisch *(fåre-kjøtt)* ist vor allem zur Schlachtsaison im Herbst verbreitet, ein beliebter Eintopf ist Weißkohl mit Hammelfleisch *(fårikål)*.

Von Eingeweihten als Delikatessen bezeichnet, aber nicht jedermanns Sache sind zwei Fischgerichte, die man schon im Mittelalter kannte. *Lutefisk* ist eingeweichter, gelaugter Stockfisch, der zur Weihnachtszeit mit Salzkartoffeln, gebratenem Schinkenspeck und Erbsenmus serviert wird. Vor allem in Ostnorwegen freuen sich Fischesser auf *rakørret:* Eine gründlich gereinigte Forelle wird einige Wochen lang in Salzlake gelegt und anschließend mit Zwiebeln, Rahm und Kartoffelfladen gegessen. Was während der Gärung und bis zur Zubereitung regelrecht stinkt, kann trotzdem beim Essen selbst Skeptiker begeistern.

Beispielhaft für die enge Bindung an die Gaben der Natur ist das ursprünglich samische Gericht *finnebiff*: Geschnetzeltes Rentierfleisch – das früher von den Knochen abgekratzt und dann im Schnee vergraben wurde – wird direkt aus dem tiefgefrorenen Zustand angebraten und gedünstet, die Soße mit einer guten Portion Sauerrahm verlängert. Zu dem mit Pfeffer und Salz gewürzten Fleisch gibt es Salzkartoffeln und frisch geschlagene Preiselbeeren.

> SPEZIALITÄTEN
Genießen Sie die typisch norwegische Küche!

Eplekake med is – warmer Apfelkuchen mit Zimt und Vanilleeis
Fiskekaker – Fischfrikadellen, ostnorwegische Variante: Renkenfilets werden mit Salz, Kartoffelmehl, Zwiebel und Speck zu einem Teig verarbeitet, der zu Frikadellen geformt und gebraten wird
Klippfisk – Stockfisch, gekocht und mit Salzkartoffeln, Karotten, zerlassener Butter und Petersilie serviert

Kokt torsk – gekochter Dorsch, serviert mit Möhren, Salzkartoffeln und geschmolzener Butter
Lammesteik – Lammbraten, ein Herbstklassiker, gewürzt mit Thymian, Rosmarin und Knoblauch

Lefse – Fladengebäck aus Sauerrahm, Sirup, Zucker, Hirschhornsalz und Weizenmehl, mit Zucker und Butter
Moltekrem – mit Moltebeermarmelade verrührte Schlagsahne
Ovnsbakt laks – mit Porree, Sellerie und Möhren gefüllter Lachs, mit Salz und Knoblauchpfeffer in Folie gebacken
Ovnsbakt steinbit – im Ofen gebackene Katfischfilets, dazu in Butter gebratene Zwiebeln, Äpfel und Champignons mit Apfelsaft und Thymian
Pasta med røkt laks – Pasta mit einer Soße aus Zwiebeln und Fischbouillon, Sahne und Streifen von Lachs oder Forelle (geräuchert)
Raspeballer – Kartoffelklöße mit Gerstenmehl und Speckwürfeln, mit Rübenmus und Salzkartoffeln serviert zu Hammelfleisch oder Räucherwürsten. In Ostnorwegen heißt das Gericht *komle*
Røkt elgsteik – geräuchertes Elchfleisch, im Ofen geschmort (Foto), mit Wurzelgemüse, Rosenkohl, Wildsoße und Salzkartoffeln serviert
Rømmegrøt – Brei aus Sauerrahm, Weizenmehl oder Gries und Salz, mit Zucker und Zimt. Beilage: Pökelfleisch
Trollkrem – kalt gerührte Preiselbeeren, in steif geschlagenes Eiweiß gerührt

Trotz des ausgeprägten Traditionsbewusstseins spielen auch in Norwegen internationale Schnellgerichte eine immer größere Rolle. Zum Samstagabend vor dem Fernseher gehören Pizza oder Brathähnchen, und auch Erwachsene greifen aus Zeitnot gern zur *pølse med brød,* dem Hotdog, den es an jeder Tankstelle und allen *gatekjøkken* (Schnellimbissen) zu kaufen gibt.

Vergeblich wird man dort allerdings nach einer Flasche Bier suchen, denn der Verkauf von alkoholischen Getränken unterliegt strengen Beschränkungen. Wein und Spirituosen dürfen nur in den Geschäften des *Vinmonopolet* verkauft werden. In ganz Norwegen gibt es davon rund 160, die meisten davon befinden sich in den größten Städten, nur fünfzehn davon sind Selbstbedienungsläden. Die Warenauswahl reicht von Starkbier über Weine von allen Kontinenten bis zu Spirituosen, deren Alkoholanteil allerdings 60 Prozent nicht überschreiten darf. Glaubt man den Statistiken, ist die norwegische Alkoholpolitik nur teilweise erfolgreich. Die eher kontinentalen Trinkgewohnheiten setzen sich langsam durch, und das führt dazu, dass auch zu *mors kjøttkaker* ab und zu ein Glas Rotwein getrunken wird – und der Alkoholkonsum generell steigt.

Auch zu Beginn des 21. Jhs. gibt es noch einzelne Hotels, die für ihr Restaurant aus ideologischen Gründen kein Schankrecht für Alkoholika beantragt haben. Wer in einem guten Stadtrestaurant essen geht, wird vom Verbot oder freiwilligen Verzicht auf geistige Getränke nichts merken, wohl aber wegen der Preise den Kopf

Ein Imbiss schmeckt im Freien am besten – wie hier im Lofotenort Nusfjord

schütteln. Aufgrund der hohen Alkoholsteuer kostet die Flasche Wein so viel wie das herzhafte Wildgericht (also rund 30 Euro). Für den halben Liter Bier verlangen bessere Restaurants ungefähr 8 Euro. Dann ist es vielleicht doch die bessere Entscheidung, den Geschmack des Essens von Alkohol ungetrübt zu genießen und eine Karaffe eiskaltes Leitungswasser zu bestellen.

ROH, ROBUST UND REICHLICH TEUER

Wenn Sie Qualität suchen und praktisch denken,
werden Sie in Norwegen sicher fündig

> Niemand fährt zum Shopping nach Norwegen. Das hohe Preisniveau bei Lebensmitteln gilt aber nicht unbedingt bei anderen Artikeln, und wer Ware „Made in Norway" kauft, wird lange Freude daran haben. So haben z. B. Holzwaren und Kleidung eine wichtige Gemeinsamkeit: Naturmaterialien werden solide verarbeitet. Die beste Auswahl an typisch norwegischen Souvenirs haben Sie in den *Husfliden*-Läden *(www.husfliden. no)*, die es in jeder größeren Stadt gibt und sich durch sehr gut geschulte Fachkräfte auszeichnen.

HOLZWAREN & KÄSEHOBEL

Trinkbecher, Servierteller und -schüsseln aus Holz und Messer mit Holzgriff sind beliebte Geschenke. Kleine Produzenten vor allem auf dem Land haben es geschafft, jahrhundertealte Handwerkstraditionen am Leben zu erhalten und die Verbraucher davon zu überzeugen, dass Naturmaterialien ihre eigene Ästhetik haben und lange halten. Eine urnorwegische Erfindung ist der Käsehobel. Den gibt es in schmuckvoll verziertem rostfreiem Stahl oder Silber. Beim Norwegenabend nach dem Urlaub gehört er dann auf den Tisch.

KLEIDUNG

Achten Sie beim sommerlichen Stadtbummel in größeren Städten auf *tilbud* (Angebot). Die Filialen der internationalen Firmen kämpfen um die Kunden und locken mit Angeboten, die jedem Vergleich mit denen in Ihrem Heimatland standhalten. Es gibt übrigens auch in Norwegen produzierte Jeans und – für Leute über 30 – in vielen Städten die Produkte der norwegischen Trendsetter von *Moods of Norway (www.moodsof norway.com)*, deren Kollektionen es bis in die USA geschafft haben.

RÄUCHERLACHS & KAVIAR

Guten Räucherlachs erkennen Sie an der dunkleren Farbe, er ist trockener und riecht stärker nach Rauch als weniger

> EINKAUFEN

hochwertige Ware. Grundsätzlich gilt: Weniger Salz heißt mehr Geschmack. Probieren Sie daher möglichst vor dem Kauf. Auch eingeschweißte Ware aus dem Supermarkt kann von guter Qualität sein, aber auch hier gilt: Auf die Farbe achten. Die einfache Alternative ist eine Portion Stockfisch *(tørrfisk)*, die Sie in jedem Supermarkt bekommen und zu Hause in einen leckeren *bacalhau* verwandeln können. Wer neugierig auf den Geschmack ist, kann schon während der Heimreise den Fisch als Snack essen, wie es die alten Norweger an der Küste heute noch machen. Oder Sie nehmen ein paar Tuben Kaviar mit nach Hause. Der Brotaufstrich aus Dorschrogen ist gesund, haltbar – und gar nicht so teuer.

▪ RENTIERFELLE ▪

Sie werden nicht nur in Nordnorwegen und nicht nur in Touristenläden angeboten. Selbst entlang der Reisewege werden in sogenannten Sami-Camps Rentierfelle verkauft. Doch das Fell fürs Schlafzimmer oder die Wohnzimmerwand muss gut vorbehandelt sein, damit es nicht schnell zu haaren beginnt. Machen Sie in jedem Fall eine „Zugprobe".

▪ STRICKWAREN ▪

Haltbare und dabei schöne Erinnerungen sind Schals, Fäustlinge, Wollstrümpfe, Strickjacken und Mützen mit traditionellen Mustern. Kein Geheimnis ist, dass wollene Unterwäsche und Wollsocken aus Norwegen warm, funktionell und angenehm zu tragen sind, garantiert nicht kratzen und gegenüber synthetischer Outdoorbekleidung immer noch klare Vorteile haben, die nicht nur von Wanderern geschätzt werden. Norwegerpullover sind entweder billig und in Asien gefertigt oder haben, handgestrickt in Norwegen aus norwegischer Wolle, ihren Preis. Die Qualität eines „echten" Norwegers, das merkt man bereits beim Kauf, ist allerdings die deutlich bessere. Es ist wichtig, nach dem Hersteller zu fragen, denn die Strickmuster der Asienprodukte sind mit den in Norwegen gefertigten fast identisch.

> URBANES NORWEGEN, WEITES HINTERLAND

Zwischen Inseln und Schären verbergen sich liebliche Plätze und blühende Natur

> Von kühlen Bergseen kommend, bahnen sich reißende Flüsse ihren Weg durch dichte Tannenwälder. Versteckt in der von unzähligen Schären umsäumten Küste liegen Badebuchten, blank gewaschene Felsen und Hafenstädte, die ihren Charme aus der Zeit der Dampfschiffe behalten haben. Südnorwegen ist ein Reiseziel der Wassersportler, aber auch die Wanderer zieht es hierher, denn hinter der dicht bevölkerten Küste erwartet sie das Fjell – lang gezogene Mittelge-birge, die, obwohl spärlich bewachsen, einen Vorgeschmack auf die erstaunlich vielfältige arktische Fauna und Flora geben. Der Süden Norwegens ist voll satter Farben und landschaftlicher Abwechslung, doch keinesfalls kalt.

FREDRIKSTAD

[127 E5] Die 1663 erbaute Festung Fredriksten wurde 1814 von schwedischen

> *www.marcopolo.de/norwegen*

DER SÜDEN

Truppen eingenommen und 1903 als Militäranlage aufgegeben. Heute ist die im äußersten Südosten des Landes gelegene Stadt- und Festungsanlage mit ihren gepflasterten Gassen und Empirehäusern Kulturdenkmal und Touristenziel. Weil gleichzeitig Norwegens längster Fluss Glomma hier in den Oslofjord mündet, siedelten sich an den Ufern kleine und große Betriebe an. Der Hafen gehört zu den größten Südnorwegens. Mit 56 000 Einwohnern ist Fredrikstad größte Stadt und auch Hauptstadt des Fylke Østfold.

■ SEHENSWERTES

FREDRIKSTAD DOMKIRKE

Der Dom wurde 1880 erbaut und 1954 restauriert. Sehenswert sind die Glasmalereien von Emanuel Vigeland, hörenswert ist die Orgel. *Ende Juni–Anfang Aug. Di–Fr 11–15 Uhr, sonst 12–14 Uhr*

GAMLEBYEN (FESTUNG MIT ALTSTADT)

Ein von einem Wallgraben und gras-
bewachsenen Wällen, Bastionen und
Stadttoren umgebenes Stadtviertel
mit Kopfsteinpflaster und viel Ruhe.
Hier befinden sich unzählige Galerien, Geschäfte mit Kunsthandwerk,
Handwerksbetriebe und Restaurants.

Norwegens Hochgebirge: Jotunheimen

Altstadtführungen werden vom Tu-
ristkontor organisiert. *www.festnings
byen.no*

ISEGRAN FORT UND KONGSTEN FORT

Zwei erhaltene Außenwerke der Festung: Isegran ist eine archäologische
Station der Universität Oslo, Kong-
sten vor allem eine idyllische Liege-
wiese an Sommertagen.

■ ESSEN & TRINKEN ■

BALAKLAVA

Mitten in der Altstadt liegt der Gast-
hof mit Restaurant und Café. *Preste-
gården* verdient den Ruf, zu Norwegens Spitzenrestaurants zu gehören,
das Café *Mulvardgården,* ein 1835
errichteter Stadthof, passt für den
kleinen Appetit zwischendurch. *Fær-
geportgaten 78 | Tel. 69 32 30 40 |
€€€ (Café €€)*

■ ÜBERNACHTEN ■

VALHALLA ☆

Einfaches Hotel über der Stadt in einem Holzgebäude von 1870 mit Aus-
sichtsturm. *17 Zi. | Valhallsgate 3 |
Tel. 69 36 89 50 | Fax 69 36 89 60 |
www.hotelvalhalla.no | €€–€€€*

■ AUSKUNFT ■

*Turistkontor | Tøihusgata 41 | Tel.
69 30 46 00 | Fax 69 30 46 01 | www.
opplevfredrikstad.com*

■ ZIELE IN DER UMGEBUNG ■

HVALER   [127 E5]

Segler und Sonnenhungrige lieben
die Inseln von Hvaler, die Sie auf
der Straße 108 über Brücken und
durch Tunnel erreichen. Am schönsten ist es auf dem südlichsten Eiland
Kirkeøy. Hier liegen Strände und

Meer in allen Richtungen. Im Hauptort *Skjærhalden* (25 km südlich von Fredrikstad) steht die *Hvaler Kirke (15. Juni–15. Aug. tgl. 9–15 Uhr)*, die aus der Zeit vor 1100 stammt.

OLDTIDSVEIEN
(ALTERTUMSWEG)   [127 E5]

Die Straße 110 von Fredrikstad in östlicher Richtung nach Skjeberg lockt mit einem Ausflug in eine 3000-jährige Geschichte. Norwegens größte Ansammlung von Felszeichnungen, Grabstätten, Steinringen und Fliehburgen ist nicht nur für Historiker interessant. Zu beiden Seiten der Straße kann man zwischen diesen vorzeitlichen Kulturschätzen umherspazieren oder ein Picknick machen.

JOTUNHEIMEN

[126 C1–2] Jotunheimen, die „Heimat der Riesen" (so die wörtliche Übersetzung), ist Norwegens einziges Hochgebirge und von jeher ein beliebtes Reiseziel für Wanderer, Bergsteiger und Skiläufer. Hier liegen die Zweitausender dicht an dicht, und viele davon tragen eine Gletscherkappe – doch sogar der mit

2469 m höchste von ihnen, *Galdhøpiggen,* kann noch von Kindern bestiegen werden.

■ SEHENSWERTES
NORSK FJELLMUSEUM

Das Museum in Lom versucht, einen historischen Überblick über die Nutzung der Gebirge und die Einwirkung von Klima und Natur auf die norwegische Kultur zu geben. *Mai und Sept. Mo–Fr 9–16, Sa, So 10–17 Uhr, Anfang–Mitte Juni und Mitte bis Ende Aug. Mo–Fr 9–18, Sa, So 10 bis 17 Uhr, Mitte Juni–Mitte Aug. Mo bis Fr 9–21, Sa, So 10–20 Uhr | Eintritt 60 NOK | www.fjell.museum.no*

SOGNEFJELLSVEI

Die Straße 55 von Lom im Nordosten nach Skjolden im Südwesten ist eine für Touristen gestaltete „Grüne Straße" und führt durch eisige Höhen. Wunderschöne Rastplätze in über 1400 m Höhe, Gletscherzungen, Wanderwege und Angelplätze links und rechts der Straße machen die Fahrt zu einer erlebnisreichen Begegnung mit der norwegischen Bergwelt. *www.turistveg.no*

MARCO POLO HIGHLIGHTS

★ **Risør**
Reinste südnorwegische Idylle mit maritimem Ambiente (Seite 36)

★ **Olympiapark**
Auch für weniger Sportliche ein Erlebnis: die Anlagen in Lillehammer (Seite 37)

★ **Holmenkollen**
Der Ausblick vom Schanzenturm über die Hauptstadt Oslo ist unübertroffen,

das Stadion im Winter Treffpunkt aller Skienthusiasten (Seite 39)

★ **Nasjonalgalleriet**
Der beste Querschnitt norwegischer Malerei – zu sehen in Oslo (Seite 41)

★ **Heddal Stavkirke**
Die imposanteste der noch erhaltenen Stabkirchen besticht durch ihr kunstvoll gestaltetes Äußeres (Seite 44)

ESSEN & TRINKEN

BAKERIET I LOM

Ein norwegischer Meisterkoch lernt die Feinheiten des Bäckereihandwerks und eröffnet direkt am Wasserfall Prestefossen in Lom eine Bäckerei mit Café – ein Genuss für alle Sinne. *www.bakerietilom.com*

ÜBERNACHTEN

TURTAGRØ HOTEL

Unterhalb des Bergmassivs Fanaråki am Südostrand von Jotunheimen liegt das Zentrum des norwegischen Klettersports, ein modernes Hotel mit Fjell-Bibliothek. *37 Zi. | Tel.* 57 68 08 00 | *Fax 57 68 08 01 |* www. turtagro.no *| €€*

AUSKUNFT

Turistinformasjon | Norsk Fjellmuseum | Lom | Tel. 61 21 29 90 | Fax 61 21 29 95 | www.visitlom.com

KRISTIAN-SAND

[126 C6] Die Hafenstadt (76 000 Ew.) präsentiert sich gern als Mittelpunkt der „Riviera des Nordens". Das Wetter ist stabil, und die Freizeitangebote für Familien, Sonnenhungrige und Wassersportler sind dank des wunderschönen Schärengartens am Skagerrak vielfältig. Beim Bummel fällt die rechtwinklige Anordnung der Straßen auf – sie geht auf den dänisch-norwegischen König Christian IV. zurück, der die Stadt 1641 nach einem Brand anlegen ließ.

SEHENSWERTES

ODDERNES KIRKE

Kristiansands erste Kirche wurde um 1040 erbaut. Sehenswert im Inneren sind die Kanzel von 1704 und der Runenstein, der von der Entstehung der Kirche berichtet. Im Sommer mittwochs Orgelkonzerte. *Zugang zur Kirche auf Anfrage im Gemeindehaus | Eintritt frei*

VEST AGDER MUSEUM

Freilichtmuseum mit einem Setesdal-Hof mit zehn Gebäuden (darunter eine Stube aus dem 17. Jh.) und Stadthäusern aus Kristiansand. Werkstätten, Krämerladen, Tabakspinnerei und eine Erdhütte, die im

>LOW BUDGET

> Essen für weniger als 100 Kronen gibts in den multikulturellen Stadtteilen von Oslo oft. Die Gerichte beim Inder *Curries Grønland Basar* [0] kosten zwischen 6 und 11 Euro. *Tøyengata 2 | Tel. 22 17 88 88 |* www.hurrycurry.no

> Norwegisch pur ist *Schrøder* [U E2], wo man auf Osloer Originale trifft und satt wird. Tagesgericht 10–13 Euro. *Waldemar Thranes gate 8 | Tel. 22 60 51 83*

> Der Eintritt in das *Norwegische Architekturmuseum* [U E5] *(Mo, Di, Do, Fr 11–16, Mi 11–18, Sa, So 12–16 Uhr | Kongens gate 4)* in Oslo ist frei.

> Im *Haraldsheimen* [0] in Oslo kostet das billigste Bett 220 NOK pro Nacht. *69 Zi. | Haraldsheimveien 4 | Tel. 22 22 29 65 | Fax 22 22 10 25 |* www.haraldsheim.no *| 4 km ab Stadtmitte | Straßenbahn 17 Richtung Kjelsås bis Station Sinsenkrysset*

Zweiten Weltkrieg von norwegischen Partisanen genutzt wurde. *Im Sommer Di–Fr 10–18, Sa–Mo 12–18 Uhr | Eintritt 40 NOK | etwas außerhalb Richtung Osten | www.vafmuseum.no*

■ AUSKUNFT ■

Destinasjon Sørlandet | Vestre Strandgate 32 | Tel. 38 12 13 14 | Fax 38 02 52 55 | www.sorlandet. com

Kap Lindesnes – einen südlicheren Ort gibt es in Norwegen nicht

■ ÜBERNACHTEN ■

BARNAS SOMMERHOTEL

Helles Familienhotel mit 48 modern ausgestatteten Zimmern und stilvollem Restaurant. *Hotel 15. Juni bis 15. Aug. | Dronningensgate 66/68 | Tel. 38 04 23 60 | Fax 38 02 01 19 | www.barnassommerhotell.no | www. restaurant-sorlandet.no | €€*

FROBUSDALEN ROM

Pension in einer Villa von 1917, in einem ruhigen Wohngebiet fünf Minuten vom Bahnhof entfernt. Familiär und gemütlich. *7 Zi. | Frobusdalen 2 | Tel. 91 12 99 06 | www.gjeste hus.no | €*

■ ZIELE IN DER UMGEBUNG ■

BADESTRÄNDE   [126 C6]

Zu einem Urlaub im Sørlandet gehören gute Badestrände. Die finden Sie in der *Bertnesbucht (3 km östlich von Kristiansand)* und bei *Hamresanden (11 km östlich).*

KAP LINDESNES ✿   [126 B6]

80 km westlich von Kristiansand steht auf einer kleinen Anhöhe der 1915 erbaute Leuchtturm des norwegischen „Südkaps". Das in den Fels gesprengte *Leuchtturmmuseum (im Sommer tgl. 9–21 Uhr, sonst 11–17 Uhr | Eintritt 40 NOK | www.lindesnesfyr.no)* ist sehenswert.

MANDAL [126 C6]

An der Mündung des Mandalselva liegt diese ehemals wichtige Seefahrtsstadt (14 000 Ew.), deren Zentrum aus einer hübschen Holzhausbebauung besteht. Bei schönem Wetter sollten Sie den Stadtbummel auf den Abend verschieben und am Tag lieber einen der vielen Strände im Stadtgebiet aufsuchen. *41 km westlich von Kristiansand | www.region mandal.com*

RISØR ⭐ [127 D5]

Die „weiße Stadt am Skagerrak" (6800 Ew.) mit ihren wunderschönen Holzhausvierteln und den imponierenden Patrizierhäusern entlang der Hafenpromenade ist der wichtigste Treffpunkt aller norwegischen Holzbootfans (Festival Anfang August). 10 km von der Ortsmitte entfernt liegt direkt am Meer *Moen Camping (Tel. 37 15 50 91 | Fax 37 15 17 63 | €)* mit Hütten, Wohnungen, Zeltplatz und Badestrand. *116 km nordöstlich von Kristiansand | www.risor.no*

LILLEHAMMER

[127 E2] Das Städtchen (25 000 Ew.) an der Nordspitze des Mjøsa-Sees ist das Tor nach Gudbrandsdalen und war 1994 Austragungsort der Olympischen Winterspiele. Die Sportanlagen stehen Besuchern teilweise offen. Buchstäblich herausragend ist die Skisprunganlage Lysgårdbakkane, die Sie auch von oben bestaunen können.

◼ SEHENSWERTES

NORGES OLYMPISKE MUSEUM

In der Håkonshalle stehen natürlich die Winterspiele von 1994 im Mittelpunkt (u. a. mit Multimediashow), aber auch zur olympischen Geschichte gibt es eine Abteilung. *Juni bis Aug. tgl. 10–17 Uhr, sonst Di–So 11–16 Uhr | Eintritt 75 NOK | www. ol.museum.no*

Einkaufsbummel in Lillehammer: Rentierfelle sind klassische Mitbringsel

OLYMPIAPARK ★

Mit Schanze (Simulator!), Freestyle-Arena, Skistadion und einer Bob- und Rodelbahn, auf der Sie im Sommer auf einem Vierer-Radbob mit zu 100 km/h talwärts fahren können. *Mitte Juni–Mitte Aug. tgl. 9–20 Uhr, sonst 11–16 Uhr | Radbob 190 NOK | www.olympiaparken.no*

DE SANDVIGSKE SAMLINGER

In mehr als 170 Gebäuden wird die Bauernkultur des Tals Gudbrandsdalen, aber auch Handwerk aus ganz Norwegen veranschaulicht. In vielen Werkstätten wird gearbeitet, dazu gibt es wechselnde Ausstellungen. *Juni–Aug. tgl. 10–17 Uhr, sonst kürzer | Eintritt 100 NOK | Maihaugen | www.maihaugen.no*

▰ ESSEN & TRINKEN

BLÅMANN RESTAURANT & BAR

Erstklassige Lunch- und Mittagsgerichte aus allen Himmelrichtungen, mitten in der Stadt. Sie sollten unbedingt die Jägersuppe probieren. *Lilletorvet 1 | Tel. 61 26 22 03 | www.blaamann.no | €€*

▰ ÜBERNACHTEN

GJESTEHUS ERSGAARD

Der Landgasthof liegt wunderschön am Hang im Olympiapark oberhalb der Stadtmitte von Lillehammer. *30 Zi. | Tel. 61 25 06 84 | Fax 61 25 31 09 | www.ersgaard.no | €*

NORDSETER FJELLSTUE

Der Fjellgasthof, die 28 Ferienwohnungen und die 18 Ferienhütten liegen 14 km östlich von Lillehammer in einer schönen Mittelgebirgslandschaft. *Tel. 61 26 40 08 | Fax 61 26 40 78 | www.visitnordseter.com | €€ (Hütten €)*

▰ AUSKUNFT

Turistkontor | Jernbanetorget 2 | Tel. 61 28 98 00 | Fax 61 28 98 01 | www.lillehammerturist.no

▰ ZIELE IN DER UMGEBUNG

HAMAR   [127 E2–3]

Die 60 km südöstlich von Lillehammer gelegene Stadt (27 600 Ew.) war von der Christianisierung bis zur Reformation 1537 geistliches Zentrum in Norwegen. Eindrucksvolle Zeugnisse sind die unter einer faszinierenden Glaskathedrale bewahrten Ruinen der *Domkirche* und der teilweise ausgegrabene *Bischofshof* aus dem 13. Jh. Sie sind Teil des wunderhübsch am Ufer des Mjøsa gelegenen Freilichtmuseums *Hedmarksmuseet (20. Mai–Mitte Juni und Mitte Aug. bis Anfang Sept. Di–So 10–16 Uhr, Mitte Juni–Mitte Aug. tgl. 10–17 Uhr | Eintritt zum Gelände frei, Häuser 75 NOK | Strandveien 100 | www.hedmarksmuseet.no)*.

Nicht weit davon entfernt liegt das *Norwegische Eisenbahnmuseum (Juli–19. Aug. tgl. 10.30–17 Uhr, sonst Di–So 11–15 Uhr | Eintritt 70 NOK | Strandveien 163 | www.norsk-jernbanemuseum.no)*, in dem neben Dampfloks auch Norwegens erster Bahnhof zu sehen ist, der hier wieder aufgebaut wurde.

PEER-GYNT-VEIEN
(PEER-GYNT-WEG) ❄   [127 D1–2]

Die 66 km lange Mautstraße zweigt bei Svingvoll von der Straße 254 ab. Von mehreren Punkten auf über 1000 m Höhe haben Sie eine prachtvolle Aussicht über die Berge von Jotunheimen, Rondane und Dovrefjell. Links und rechts der Straße liegen Gasthäuser und Hütten im traditionellen Blockhausstil, vor allem aber Landschaften, in denen Sie nicht nur wandern und fischen, sondern auch Elche beobachten, Rad fahren und Golf spielen können. *Vier Mautstationen (je 60 NOK) | www.peergynt vegen.no*

OSLO

 KARTE IN DER HINTEREN UMSCHLAGKLAPPE

[127 E4] Eine kleine Hauptstadt mit einem riesigen Umland: Vom Fuß des Oslofjords zieht sich Norwegens Metropole (550 000 Ew.) an den bewaldeten Hängen der Nordmarka hinauf. Wer eine Vorliebe für Berge und Wälder hat, fühlt sich hier ebenso wohl wie Wassersportfans. Viele Zeugnisse aus der langen Geschichte des Landes, eine bekannte Shoppingmeile, vor allem aber norwegische Lebensart finden Sie in der Stadt, die im Lauf ihrer 1000-jährigen Geschichte oft ihr Gesicht und ihren Namen wechselte.

Unter König Håkon V. (1299 bis 1319) wurde Oslo erstmals Residenz von Norwegen. Vom 14. Jh. bis Anfang des 19. Jhs., als Norwegen zu Dänemark gehörte, hieß die Stadt Christiania und geriet in den Schatten von Kopenhagen, Bergen und Trondheim. Erst Ende des 19. Jhs., jetzt mit dem Namen Kristiania, blühte die Stadt wieder auf, 1925 erhielt sie auch ihren alten Namen Oslo wieder.

Das historische Oslo in der Nähe der Festung Akershus sollte man besichtigen, sehenswert sind auch das „Bürgerviertel" in der Nähe des Frognerparken und der multikulturelle Stadtteil Grønland hinter dem Hauptbahnhof.

Mit dem *Oslo Pass (Tageskarte 210 NOK | günstige Mehrtageskarten)* können Sie in Oslo beliebig oft mit Bus und Bahn fahren, die meisten Museen und Sehenswürdigkeiten gratis besuchen, die städtischen Parkplätze benutzen und an einer Minikreuzfahrt durch den Hafen teilnehmen. Der *Oslo Pass* wird in den Hotels und Touristeninformationen, auf Campingplätzen, im Informationskiosk *Traffikanten* am Hauptbahnhof und übers Internet *(www.visitoslo. com)* verkauft.

■ SEHENSWERTES

AKERSHUS FESTNING OG SLOTT   [U D–E 5–6]

Auf einer Landzunge, die in den Oslofjord hineinragt, liegt eines der wichtigsten mittelalterlichen Bauwerke Norwegens. 1319–80 war Akershus Festungsanlage, Anfang des 17. Jhs. ließ König Christian IV. die Anlage in ein Schloss umbauen. Heute wird es für Staatsempfänge genutzt, während die ✴ Festung bevorzugter Treff von Sonnenanbetern ist. *Festungsanlage tgl. 6–21 Uhr | Eintritt frei | Schloss (mit königlichem Mausoleum) Anfang Mai–Aug. Mo–Sa 10–16, So 12.30–16 Uhr | Eintritt 50 NOK*

HENIE-ONSTAD-KUNSTSENTER ▶▶   [0]

1956 heiratete die norwegische Eislaufprinzessin Sonja Henie den Reeder Nils Onstad, 1961 gründete das Ehepaar eine Kunststiftung. Das

1968 eröffnete Kunstsenter birgt die neben der des Louisiana in Dänemark größte Sammlung moderner Kunst in Skandinavien. *Di–Do 11 bis 19, Fr–So 11–17 Uhr | Eintritt 80 NOK | www.hok.no | Høvikodden | 12 km westlich von Oslo | Autobahn nach Drammen/Ausfahrt Bærum*

IBSENMUSEET   [U C4]

Exakt 100 Jahre nach seinem Tod, am 23. Mai 2006, wurde Henrik Ibsens letzte Wohnung als Museum eröffnet. *Ende Mai–Sept. Di–So 11–18 Uhr, sonst 11–16 Uhr | Eintritt 70 NOK | Henrik Ibsens gate 26 | www.ibsenmuseet.no*

Das Parlament in Oslo liegt an der Einkaufsstraße Karl Johans gate

HOLMENKOLLEN ★ 🎿   [O]

Das „Mekka des norwegischen Skisports" wird von der Großschanze überragt (Schanzenrekord über 130 m). Die Aussicht auf die Stadt, den Fjord und die Wälder der Umgebung ist überwältigend. Wer hier ist, sollte das *Skimuseum (im Sommer tgl. 9–20 Uhr | Eintritt 70 NOK)* besuchen. *www.holmenkollen.com | 8 km nordwestlich der Stadtmitte | Holmenkollenbahn ab Bahnhof Majorstuen (20 Min. Fahrt, 10 Min. Fußweg)*

KARL JOHANS GATE   [U D–E4]

Straßenmusiker, internationale Ladenketten, Kneipen und Boutiquen – Oslos bekannte Einkaufsstraße erstreckt sich vom Hauptbahnhof bis zum königlichen Schloss. Hier treffen sich die Welt und Norweger aus allen Ecken des Landes.

DET KONGELIGE SLOTT   [U C3]

Die Residenz der norwegischen Königsfamilie wurde 1824–48 im klassizistischen Stil errichtet. Das

Schloss liegt auf einer Anhöhe am Ende der Karl Johans gate, die Wachablösungen finden täglich um 13.30 Uhr statt. Der Schlosspark steht allen offen. *Mitte Juni–Mitte Aug. Mo–Do, Sa 11–18, Fr, So 13–18 Uhr | Führungen auf Englisch Mo–Do, Sa 12, 14 und 14.20, Fr, So 14 und 14.20 Uhr | Eintritt 95 NOK | www.konge huset.no*

MUNCH-MUSEET [0]

Das Geschenk des berühmten norwegischen Malers Edvard Munch (1863 bis 1944) an seine Heimatstadt: rund 1100 Malereien, dazu Tausende von Zeichnungen und Aquarellen, grafische Arbeiten und private Briefe. *Juni–Aug. tgl. 10–18 Uhr, Sept.–Mai Di–Fr 10–16, Sa, So 11–17 Uhr | Eintritt 65 NOK | Tøyengata 53 | www.munch.museum.no | Bus 60 oder Straßenbahn bis Haltestelle Tøyen*

MUSEET FOR SAMTIDSKUNST [U E5]

Die feste Ausstellung in dem imponierenden, 1907 errichteten Gebäude aus Granit und Marmor am Bankplassen, dem schönsten Platz in Oslos Zentrum, zeigt norwegische und internationale Kunst nach 1945. Die wechselnden Ausstellungen vermitteln neueste Strömungen europäischer Kunst. *Di, Mi, Fr 10–18, Do 10–20, Sa, So 10–17 Uhr | Eintritt frei | Bankplassen 4 | www.nasjonal museet.no*

MUSEUMSINSEL BYGDØY [U A6]

Die Halbinsel im Oslofjord ist bevorzugtes Ausflugsziel für alle, die erste Eindrücke aus Norwegens Geschichte und Kultur sammeln möchten. *Anfahrt mit Bus 30 ab National-*teatret oder Fähre 91 vom Rathausanleger 3

Ein ganzes Museum für ein einziges Schiff ist das *Fram-Museet:* Der Dreimaster *Fram* („Vorwärts") von 1892 war Expeditionsschiff für Fridtjof Nansen, Otto Sverdrup und Roald Amundsen, die damit Nord- und Südpol ansteuerten. *Im Sommer tgl. 9–18 Uhr, sonst kürzer | Eintritt 50 NOK | www.fram.museum.no | Haltestelle Bygdøynes*

Im *Kon-Tiki-Museum* sind das Floß *Kon-Tiki,* das Papyrusboot *Ra II* und das Modell der *Tigris* zu sehen: Wasserfahrzeuge des Forschers und Abenteurers Thor Heyerdahl. *Im Sommer tgl. 9–17.30 Uhr, sonst kürzer | Eintritt 50 NOK | www.kon-tiki. no | Haltestelle Bygdøynes*

Gjøa, die Yacht, mit der Roald Amundsen 1903–05 den Norden Amerikas umsegelte, gehört zur Sammlung des *Norsk Sjøfartsmuseum. Mitte Mai–Ende Sept. tgl. 10 bis 18 Uhr, sonst kürzer | Eintritt 40 NOK | www.norsk-sjofartsmuseum. no | Haltestelle Bygdøynes*

Drei Wikingerschiffe, die in großen Grabhügeln am Oslofjord gefunden wurden (besonders imponierend: das Osebergschiff), sehen Sie im *Vikingskipshuset. Mai–Sept. tgl. 9–18 Uhr, sonst kürzer | Eintritt 50 NOK | Haltestelle Vikingskiphuset*

Im *Norsk Folkemuseum* wurden 170 Häuser wieder aufgebaut, die Leben und Wohnen in Norwegen über die Jahrhunderte zeigen. Das älteste Gebäude ist die *Stabkirche von Gol* aus der Zeit um 1200. Im Sommer verwandelt sich das Museum in ein lebendiges Dorf (abends regelmäßig Volkstanz). *Mitte Mai–Mitte*

Im Kon-Tiki-Museum in Oslo zu sehen: Thor Heyerdahls Papyrusboot Ra II

Sept. tgl. 10–18 Uhr, sonst kürzer | Eintritt 90 NOK | www.norskfolke museum.no | Haltestelle Folkemuseet

NASJONALGALLERIET ⭐ [U D4]

4500 Gemälde, 1500 Skulpturen und mehr als 40 000 grafische Blätter und Zeichnungen gehören zum Fundus des Museums, das neben dem Schwerpunkt „Norwegische Nationalromantik" auch mehrere Werke von Edvard Munch ausstellt. Wechselnde Ausstellungen internationalen Formats. *Di, Mi, Fr 10–18, Do 10 bis 20, Sa, So 10–17 Uhr | Eintritt frei | Universitetsgata 13 | www.nasjonal museet.no*

RÅDHUSET (RATHAUS) [U D4]

Wie ein mächtiges Tor steht das wuchtige, 1930–55 aus rotem Backstein errichtete Gebäude mit seinen zwei Türmen zwischen Hafen und Innenstadt. Im Inneren sind berühmte Monumentalmalereien, u. a. von Edvard Munch, zu sehen. *Tgl. 9–16 Uhr | Führungen werktags 10, 12 und 14 Uhr | Eintritt 40 NOK*

STORTING (PARLAMENT) [U E4]

Das Parlament bildet einen Blickfang mit wunderschönem Eingangsbereich an der Karl Johans gate. *Deutschsprachige Führungen durch Wandelhalle und Plenarsaal Anfang Juli–Ende Aug. Mo–Fr 11.30 Uhr (auf Englisch auch 10 und 13 Uhr) | Eintritt frei*

VIGELANDSPARKEN [U A1–2]

Die rund 200 Skulpturen des Bildhauers Gustav Vigeland (1869 bis 1943) locken die meisten der alljährlich rund 1 Mio. Besucher in den riesigen Park, der von den Osloern meist Frognerpark genannt wird und der beliebteste sommerliche Treffpunkt der Stadt ist. *Ganzjährig rund um die Uhr geöffnet | Eintritt frei | Haupteingang Kirkeveien | www.vige land.museum.no | Straßenbahn 12 ab Nationalteatret bis Frogner plass*

Skulpturen im Vigelandsparken

ESSEN & TRINKEN

BASILICO   [U F2]

Ein einfaches Lokal, in dem man sich ungestört auf die erstklassigen Pizzas und Pastagerichte konzentrieren kann, die sich durch schmackhafte, frische Zutaten auszeichnen. *Markveien 42 | Tel. 22 37 05 00 | €€*

CAFÉ CELSIUS   [U E5]

Im ältesten Haus der Stadt (1626 erbaut) soll es angeblich spuken – doch die hervorragenden Fleisch- und Fischgerichte, die aus der Küche des Restaurants kommen, können die Gäste ungestört genießen. *Rådhusgata 19 | Tel. 22 42 45 39 | €€*

EINKAUFEN

Ein Bummel beginnt auf der *Karl Johans gate* [U D–E4], wo vor allem internationale Firmen angesiedelt sind. In der *Tordenskiolds gate* nahe dem Rathaus liegt das Geschäft *Fenaknoken (www.fenaknoken.no)* [U D4] *Insider Tip*, in dem es ausschließlich norwegische Gaumenfreuden gibt – vom Trockenfisch über Elchfleisch und Honig bis zum Ziegenkäse. In *Grünerløkka* [U F3–4], links und rechts der nach Norden verlaufenden *Thorvald Meyers gate,* finden Sie viele kleine Geschäfte für Design und Kunst.

ÜBERNACHTEN

COCHS PENSJONAT   [U C3]

Traditionsreicher Familienbetrieb am Schlosspark, nur wenige Minuten vom Schloss. *88 Zi. | Parkveien 25 | Tel. 23 33 24 00 | Fax 23 33 24 10 | www.cochspensjonat.no | €€*

MS „INNVIK"   [U F5–6] *Insider Tip*

Das am Kai vertäute Theaterschiff bietet Theater und Übernachtung. Die Gäste schlafen in den ehemaligen Schauspielerzimmern im Oberdeck. *12 Zi. | Langkaia 1 | Tel.*

22 41 95 00 | *www.msinnvik.no* | *5 Min. zu Fuß vom Hauptbahnhof* | €€

▮ FREIZEIT & SPORT ▮

Wer schon in Oslo Wald und Fjell erleben möchte, macht einen Ausflug in die Nordmarka [0]. Das riesige Naherholungsgebiet beginnt am Holmenkollen-Skizentrum und legt sich wie ein grüner Gürtel um die Stadt. Es gibt hier ein Loipennetz von 2600 km Länge für (Ski-)Wanderungen mit Übernachtungen in einfachen bis komfortablen Hütten oder für kürzere Ausflüge.

▮ AM ABEND ▮

An warmen Sommerabenden empfiehlt sich ein Spaziergang über ▶▶ *Aker Brygge* [U C5] – mit einem Besuch in einer der zahlreichen Gaststätten dort –, durch den Frognerpark oder auf der Festung Akershus. Wer

norwegischen Jazz erster Güte erleben möchte, schaut am Donnerstagabend beim *Herr Nilsen Jazzclub (C. J. Hambros plass 5)* [U E3] oder Samstag zwischen 13 und 16.30 Uhr in *Stortorvets Gjæstgiveri (Grensen 1)* [U E4] vorbei. Das *Smuget (Rosenkrantz gate 22 | Tel. 22 42 52 62)* [U D4] ist Kneipe, Café, Musik- und Kleinkunstbühne in einem und so beliebt, dass ein Besuch wochentags vorzuziehen ist. Alternativ, kunterbunt und manchmal frivol geht es in der ▶▶ *Spasibar (St. Olavs gate 32 | www.spasibar.com)* [U D3] zu – tagsüber Kneipe, abends häufig Konzerte (Eintritt bis 50 NOK).

▮ AUSKUNFT ▮

Turistinformasjon am Rathaus: Fridtjof Nansens plass 5 | Eingang von der Roald Amundsens gate | Tel. 81 53 05 55 | Fax 23 15 88 11 | www.

＞ BLOGS & PODCASTS
Gute Tagebücher und Files im Internet

> *www.nortro.de/blog* – Alt skjønnssak (alles Ansichtssache!) heißt dieses kunterbunte und anspruchsvolle „Gedankenkabinett" eines waschechten Norwegenfans. Viele Reiseberichte, Tagebucheinträge und Infos zu Kultur, Politik und Gesellschaft.

> *http://xt600.twoday.net* – „Elchfrikadelle". Dieser Blog, von deutschen Einwanderern ins Leben gerufen, bietet eine Vielzahl von Anekdoten und Artikeln zu Norwegen. Häufig besuchte Seite, deren Aufzeichnungen zu Land, Leuten und Kultur die

feinen Besonderheiten des Alltags vermitteln. Viele Bilder.

> *www.fjordblick.com* – Reiseberichte, Bilder und Videoaufnahmen aus den verschiedenen Landesteilen, kurz und bündig präsentiert und um nützliche Hinweise erweitert.

> *http://vorspiel.podspot.de* – Persönliche, heitere Berichte eines Exildeutschen, der über Land und Leute plaudert. Der für Deutschsprachige pikante Name „Vorspiel" bezeichnet in Norwegen das gemütliche Trinken und Beisammensein vor dem Feiern.

Für den Inhalt der Blogs & Podcasts übernimmt die MARCO POLO Redaktion keine Verantwortung.

visitoslo.com [U D4]; *im Hauptbahn-hof: Jernbanetorget 1 | nur Publi-kumsverkehr* [U F5]

Sightseeing: *Grand tur (mit Bus, Boot und Lunchpause) im Sommer tgl. 10.30–18 Uhr | 480 NOK | ab Rådhusbrygge* [U D5]*; „Oslo High-lights" (zwei- und dreistündig) mit dem Bus Mai–Sept. tgl. 10 Uhr | 240 NOK | ab Rathaus* [U D4]

■ ZIELE IN DER UMGEBUNG

HEDDAL STAVKIRKE ⭐ [127 D4]

Die größte Stabkirche Norwegens liegt direkt an der E 134 nahe Notod-den. Sie wurde um 1200 erbaut, hat drei Schiffe und zeichnet sich durch die vielen überlappenden Dächer und die kunstvoll geschnitzten Portale mit Tierornamentik aus. Der Innen-raum ist reich dekoriert, unter ande-rem mit feinen Rosenmalereien. *Mai–Sept. tgl. 10–17 (Ende Juni bis Ende Aug. bis 19) Uhr | Eintritt 40 NOK | www.heddal-stavkirke.no*

KONGSBERG [127 D4]

Eine teils deutsche Geschichte hat die 82 km südwestlich von Oslo ge-legene Bergbaustadt Kongsberg (23 000 Ew.). Bereits 1623 wurde hier Silber gefunden, der Ort im fol-genden Jahr gegründet. 1770 hatte die Stadt fast 10 000 Einwohner, 4000 davon arbeiteten in den Silber-gruben. Ein besonderes Erlebnis ist die 2,3 km lange Fahrt mit der *Gru-benbahn (Mitte–Ende Mai und Mitte bis Ende Aug. tgl. 11, 13 und 15 Uhr; Juni–Mitte Aug. stündlich 11–16 Uhr | 130 NOK)*, an die sich eine einstün-dige Führung durch die Grubengän-ge anschließt. *Auskunft: Kongsberg Turistservice | Schwabesgate 2 (im Bahnhof | Tel. 32 29 90 50 | Fax 32 29 90 51 | www.visitkongsberg.no*

Die Wälder der Telemark sind auch im Sommer ein unendliches Wanderparadies

SANDEFJORD [127 D5]

Die 118 km südwestlich am Ufer des Oslofjords gelegene Hafenstadt (41 000 Ew.) war bis weit ins 20. Jh. hinein Mittelpunkt des norwegischen Walfangs. Das meiste darüber erfährt man im *Hvalfangstmuseet (Mitte Juni–Mitte Aug. tgl. 10–17 Uhr, sonst kürzer | Eintritt 40 NOK | Museumsgaten 39 | www.hvalfangstmuseet.no).*

TELEMARK

[126–127 C–D4] Diese Region gilt als Wiege des Skisports. Und die Wälder sind auch im Sommer ein unendliches Wanderparadies. Daneben sind es vor allem die lang gezogenen Seen und die Kanäle, die vielfältige Ferienerlebnisse möglich machen. Ganz langsam können Sie die Telemark an Bord der alten Dampfschiffe *Victoria* und *Henrik Ibsen* erkunden, die morgens in Skien [127 D5] an der Südküste ablegen und am frühen Abend in *Dalen* mitten in der Telemark festmachen. Wenn Sie ein Fahrrad dabeihaben, macht die Rückfahrt am Ufer des Telemark-Kanals den Aktivurlaub komplett. *Fahrpreis Skien–Dalen 420 NOK, Rückfahrt die Hälfte, Fahrrad 50 NOK | Tel. 35 90 00 30 | Fax 35 90 00 21 | www.telemarkreiser.no*

Insider Tipp

SEHENSWERTES

RJUKAN [126 C4]

Eingeklemmt zwischen Felsmassiven liegt dieser Ort (3600 Ew.), der in der Zeit der Wende zum 20. Jh. einen enormen industriellen Aufschwung erlebte. Im *Norwegischen Industriearbeitermuseum (Mitte Juni bis Mitte Aug. tgl. 10–18 Uhr, sonst kürzer | Eintritt 65 NOK | 5 km westlich | 15 Min. Fußweg ab Parkplatz)* sind die Wasserkraft und Sabotageaktionen gegen die deutsche Besatzungsmacht zentrale Themen. Die Tageswanderung zum Tafelberg *Gaustatoppen* (1883 m) wird mit einem Panoramablick über große Teile Südnorwegens belohnt. *www.visitrjukan.com*

ÜBERNACHTEN

HÜTTEN IN VRÅDAL

Im Ort Vrådal gibt es mehrere Anbieter geräumiger, direkt am See gelegener Hütten, z. B. *Nisser Hyttesenter (Tel. 35 05 61 23 | Fax 35 05 63 45 | 4500 NOK pro Woche | bis zu 8 Personen | www.hyttesenter.no).*

AUSKUNFT

Telemarkreiser | Handelstorget | Skien | Tel. 35 90 00 20 | Fax 35 90 00 21 | www.telemarkreiser.no

> ZWISCHEN FJELL, FJORDEN UND KÜSTE

Westnorwegen ist Fjordland – und immer noch das Lieblingsziel von Norwegenfans

> **Mächtige Meeresarme haben Westnorwegens Küste aufgebrochen und sich einen Weg bis ans Hochgebirge gebahnt. Sie zwingen Reisende, die auf dem Landweg kommen, zu immer neuen Umwegen.** Doch was sind schon Umwege: Jeder Abstecher bringt Sie in eine andere Landschaft, hinter jeder Kurve tun sich Überraschungen auf. Westnorwegen ist vor allem dramatische Natur, in denen Erholung und Erlebnis zusammengehören. Zwischen Glet-scher und offenem Meer finden Wintersportler und Wanderer, Wassersportler und Angler ebenso ihr Eckchen wie alle, die in frischer Luft und inmitten faszinierender Landschaften die Schätze norwegischer Kulturgeschichte entdecken möchten.

ÅLESUND

[128 A5] Die von zahlreichen Inseln umgebene Hafenstadt (39 400 Ew.) ist wichtigs-

DER WESTEN

ter Ort der Fjordregion Sunnmøre und vor allem Fischereizentrum. Nach einem Großfeuer 1904, bei dem an nur einem Tag 850 Häuser niederbrannten und 10 000 Menschen obdachlos wurden, wurde die neue Stadt, auch mit Hilfe des deutschen Kaisers Wilhelm II., im damals modernen Jugendstil wieder aufgebaut. Um weitere Großfeuer auszuschließen, wurde als Baumaterial Stein statt Holz verwendet. Dies hat das Bild der Stadt nachhaltig geprägt: Die prachtvollen Häuser mit Türmen, geschwungenen Giebeln und anderen dekorativen Elementen liegen allesamt um den hübschen Hafen herum, dessen kanalähnliche Ausläufer die Stadtmitte aufteilen.

▪ SEHENSWERTES ▪

AKSLA ❀

Der Stadtberg von Ålesund sollte nicht ausgelassen werden. Zu Fuß

Der prächtige Geirangerfjord ist ein Ziel aller Kreuzfahrtschiffe

kommt man vom Zentrum über 418 Treppenstufen nach oben, mit dem Auto folgt man den Schildern nach *Fjellstua.* Der Blick schweift über die Stadt und den Hafen, die umliegenden Inseln, Sunde und das Meer. Im Süden sind die schneebedeckten Gipfel der Sunnmørsalpen zu sehen – traumhaft!

JUGENDSTILSENTERET
In der ehemaligen Schwanenapotheke vermittelt eine Ausstellung

Einblicke in den Baustil, der Ålesund geprägt hat. Dank der authentischen Einrichtungen werden die Besucher in die Anfänge des 20. Jhs. entführt. *Juni–Aug. Mo–Fr 10–18, Sa 10–17, So 12–17 Uhr | Eintritt 50 NOK | Apotekergata 16 | www.jugendstilsen teret.no*

SUNNMØRE MUSEUM
In dem Freilichtmuseum befinden sich rund 50 alte Häuser und 30 alte Boote, darunter Wikingerschiffe und die Kopie eines Handelsschiffs aus dem 11. Jh. *Ende Juni–Ende Aug. Mo–Sa 11–17, So 12–17 Uhr, sonst kürzer | Eintritt 65 NOK | Borgundgavlen | www.sunnmore.museum.no | ca. 10 km östlich von Ålesund*

▮ ESSEN & TRINKEN ▮▮▮
SJØBUA
Hier gibt es exzellenten *bacalhau* – an sich zwar das portugiesische Nationalgericht, doch die Rohware kommt aus Norwegen. Und Klippfisch wird in Ålesund seit Jahrhunderten hergestellt. Eine weitere Spezialität ist *flettafisk,* bei dem drei Seefische zum Zopf gedreht serviert werden. *Brunholmsgata 1a | Tel. 70 12 71 00 | www.sjoebua.no | €€€*

▮ ÜBERNACHTEN ▮▮▮
HOTEL BROSUNDET 🌊
In diesem familienfreundlichen Hotel können sich die Gäste sogar kleine Mahlzeiten zubereiten. *46 Zi. | Apotekergata 5 | Tel. 70 11 45 00 | Fax 70 12 12 95 | www.62nord.net | €€*

RADISSON SAS HOTEL ❄ 🌊
Neben der Anlegestelle für Hurtigruten, mit herrlichem Blick aufs Meer.

131 Zi. | Sorenskriver Bulls gate 7 | Tel. 70 16 00 00 | Fax 70 16 00 01 | www.radissonsas.com | €€€

■ AUSKUNFT

Destinasjon Ålesund & Sunnmøre | Skateflukaia | Tel. 70 15 76 00 | Fax 70 15 76 01 | www.visitalesund.com

■ ZIELE IN DER UMGEBUNG

GEIRANGERFJORD ★   [128 B6]

Der kleinste Nebenarm des riesigen Storfjords ist das bekannteste Reiseziel und Fotomotiv in Westnorwegen. Umgeben von steilen Bergwänden, wunderschönen Wasserfällen und Gebirgsmassiven, in denen sich Almhöfe verstecken, bahnt sich der Geirangerfjord seinen Weg ins Landesinnere.

Den Ort *Geiranger* erreichen Sie auf dem Wasserweg, entweder per Kreuzfahrtschiff oder ab ☀ *Hellesylt* (80 km südöstlich von Ålesund an der Straße 60 gelegen) mit der *Autofähre (tgl. 8 Abfahrten | Fahrpreis 100 NOK, Auto und Fahrer 210 NOK)* oder über kurvenreiche Straßen. *www.geiranger.no*

Auf der Straße 63 aus südlicher Richtung ist der Blick vom ☀ *Dalsnibba* (1450 m, Maut) die Ouvertüre zum Besuch am Geirangerfjord, von *Åndalsnes* [128 B5] kommend bieten die Serpentinen des ☀ *Trollstigveien* und die Aussichtspunkte von ☀ *Ørnesvingen* das schönste Panorama der Bergwelt von Sunnmøre.

GODØY   [128 A5]

Durch zwei unterseeische Tunnel und eine Brücke gelangt man auf das kleine Eiland vor Ålesund. Auf dem Weg liegt die Insel *Giske* mit einer wunderschön gelegenen Marmorkirche aus dem 11. Jh. Auf Godøy selbst ist der 1937 errichtete Leuchtturm *Alnæs fyr (Juni–Aug. tgl. 12–18 Uhr | Führungen 20 NOK)* eine wichtige Landmarke. Ein Café serviert köstliche hausgemachte Kuchen und kleine Gerichte.

Insider Tipp

MARCO POLO HIGHLIGHTS

★ Geirangerfjord
Hier erleben Sie Westnorwegen pur (Seite 49)

★ Runde
Brutkolonie für hunderttausend Vögel (Seite 50)

★ Bryggen
Flanieren zwischen alten Holzhäusern in Bergen (Seite 51)

★ Hardangervidda
Ultimatives Wandererlebnis zu jeder Jahreszeit (Seite 54)

★ Vøringfossen
Wasserfall mitten im Herzen von Westnorwegen (Seite 55)

★ Borgund Stavkirke
Das Schmuckstück unter den norwegischen Stabkirchen (Seite 58)

★ Flåmsbahn
Fahrt durch steile Gebirgslandschaften (Seite 58)

★ Lysefjord
Schnurgerade erstreckt sich der Fjord nach Osten (Seite 61)

RUNDE ⭐ [128 A5]

Die Westseite der Insel im Fahrwasser vor Ålesund ist ein dicht bevölkerter Vogelfelsen, dessen wichtigste Attraktion die bunten Papageitaucher sind, die hier zu Hunderttausenden den Sommer verbringen. Die Wanderung zu den ❋ Klippen hinauf dau-

Die Westseite der Insel Runde ist von Papageitauchern bevölkert

ert etwa eine Stunde, als Belohnung winken neben den Vögeln die herrliche Aussicht über die Nordsee und ein frischer Seewind. Von Ålesund aus werden Bootsfahrten zum Vogelfelsen veranstaltet. *75 km westlich von Ålesund | Fähre von Sulasundet nach Hareid (tgl. 36 Abfahrten)*

BERGEN

[126 A3] **Ja, es stimmt: Bergen gehört zu den regenreichsten Städten der Welt. Wenn dann aber die Sonne durch die Wolken bricht, sind in den Straßenrestaurants am Hafen im Nu alle Stühle besetzt – egal, woher der Wind weht und wie kalt es ist.**

Denn die Bergener sind nicht nur ein in ganz Norwegen als großmäulig bekanntes, sondern auch ein vergnügtes Volk. Ob man es böse mit ihnen meint oder nicht: Sie lassen sich nicht überhören. Bergen, 1070 gegründet und mit 242 000 Einwohnern die zweitgrößte Stadt des Landes, blickt als Königsresidenz, Hafen- und Hansestadt auf eine ruhmreiche Vergangenheit zurück. Im Mittelalter war sie die größte Stadt in Nordeuropa. Seit dem 14. Jh. war das Hafenviertel Bryggen in den Händen der Hanse, erst 1764 verließen die letzten norddeutschen Kaufleute die Stadt.

Mit der *Bergen Card (24 Std./170 NOK, 48 Std./250 NOK | erhältlich in der Touristeninformation, am Bahnhof und in vielen Hotels)* können Gäste frei parken und die meisten Museen und Sehenswürdigkeiten gratis oder zu stark ermäßigten Preisen besuchen.

◼ SEHENSWERTES ◼

AKVARIET

In Westnorwegens größtem Aquarium gibt's neben heimischem Seegetier von der Krabbe bis zum Hai auch exotische Meeresbewohner und Schlangen zu sehen. Bei Familien kommt neben den Seehunden und Pinguinen besonders das Anfassbecken gut an, in dem man Seefische und Schalentiere hautnah erleben kann. *Mai–Aug. tgl. 9–19 Uhr, sonst 10–18 Uhr | Eintritt 100 NOK | www.akvariet.com*

BERGEN KUNSTMUSEUM

Eine kleine Straße mit drei großen Kunstsammlungen: In der *Rasmus Meyer Samlinger* sind unter anderem zahlreiche Munch-Originale, eine große Skizzensammlung und Werke weiterer international anerkannter Maler zu sehen. Die *Bergen Billedgaleri* zeigt Werke norwegischer und internationaler Maler. Die *Stenersens Samling* beherbergt Nordeuropas größte Paul-Klee-Sammlung und mehrere Exponate von Joan Miró, Pablo Picasso und Edvard Munch. *Im Sommer Di–So 11–17 Uhr | Eintritt 50 NOK | alle Rasmus Meyers Allé | www.bergenartmuseum.no*

BERGENSHUS FESTNING ❄

Mittelpunkt der Festungsanlage Bergenshus – eine weithin sichtbare Landmarke für Seefahrer – ist die 1261 im gotischen Stil erbaute *Håkonshalle,* die heute für Konzerte und festlichen Anlässe genutzt wird. Der benachbarte wuchtige *Rosenkrantzturm* wurde 1568 als Residenz und Verteidigungsanlage fertiggestellt. *Im Sommer tgl. 10–16 Uhr, sonst kürzer | Eintritt 30 NOK | www.bymuseet.no*

BRYGGEN ⭐

Ein Spaziergang durch die Gassen des alten Hanseviertels, das nach einem Stadtbrand 1702 wieder aufgebaut wurde, könnte im *Hanseatischen Museum (im Sommer tgl. 9–17 Uhr, sonst 11–14 Uhr | Eintritt 45 NOK | www.museumvest.no)* im his-

Das alte Hanseviertel Bryggen in Bergen

torischen Hof Finnegården beginnen und endet vielleicht im *Bryggens Museum (Mai–Aug. tgl. 10–17 Uhr, sonst kürzer | Eintritt 40 NOK | www.bymuseet.no),* das vor der Mariakirke liegt.

FISKETORGET (FISCHMARKT)

Im Sommer herrscht zwischen den zahlreichen Fischständen täglich dichtes Gedränge, am Samstag kommen auch viele Bergener zum Vågen hinunter, um frischen Fisch, Garnelen, Obst, Gemüse und Blumen zu kaufen. Die Waren sind durchweg von guter Qualität, die Preise allerdings etwas höher als woanders. *Juni bis Aug. tgl. 7–19 Uhr, sonst Mo–Sa 7–16 Uhr | www.torgetibergen.no*

BERGEN

FLØYEN ❄️

Einen festen Platz im Herzen aller Bergener hat der Aussichtsberg, der 319 m über dem Stadtzentrum liegt und einen tollen Blick über die Stadt und die umliegenden Inseln bis zum

gens und besonders des Arztes Armauer Hansen zur Bekämpfung der Krankheit. *Im Sommer tgl. 11–15 Uhr | Eintritt 40 NOK | St. Jørgens Hospital | Kong Oscars gate 59 | www.bymuseet.no*

Stimmungsvoll: der Hafen von Bergen mit dem Rosenkrantzturm

offenen Meer erlaubt. Den höchsten Punkt erreichen Sie in acht Minuten mit der *Fløibahn (Mai–Aug. Mo–Fr 7.30–24, Sa 8–24, So 9–24 Uhr, sonst kürzer | Fahrpreis 35 NOK je Strecke | www.floibanen.no).*

🟨 Insider Tipp LEPRAMUSEET

In einem wunderschönen Stadthof in der Nähe des Bahnhofs ist dieses Museum eingerichtet. Thema der Ausstellung ist der Beitrag Norwe-

MARIAKIRKE

Etwas abseits von Bryggen liegt das 1140 im romanischen Stil erbaute Gotteshaus, dessen Kanzel ein prachtvolles Beispiel barocker Kirchenkunst ist. In der Zeit von 1408 bis 1766 war die Marienkirche die Kirche der hanseatischen Kaufleute. *Mitte Juni–Mitte Aug. Mo–Fr 9.30 bis 11.30 und 13–16 Uhr, sonst Di bis Fr 11–12.30 Uhr | Eintritt 20 NOK | Dreggen*

> *www.marcopolo.de/norwegen*

ESSEN & TRINKEN

CAFÉ JONSVOLL

Entspannende Atmosphäre und kleine Karte mit köstlichen Gerichten, die auch für Studenten bezahlbar sind. In der *Henrik Øl & Vinstove* im 1. Stock wird neben norwegischem auch irisches Bier gezapft. *Engen 10 | Tel. 55 23 00 77 | www.ve.no | €*

ENHJØRNINGEN/TO KOKKER

Im alten Hansehof Enhjørningsgården auf Bryggen werden im *Enhjørningen* Bergens beste Fischgerichte serviert. *To kokker* im selben Haus hat auch herzhafte Fleischspezialitäten auf der Karte. *Enhjørningen Tel. 55 32 79 19 | www.enhjorningen.no; To kokker Tel. 55 32 28 16 | €€€*

EINKAUFEN

Galleriet (Torgallmenningen) mitten in der Stadt versammelt fast 60 Läden unter einem Dach. Kunsthandwerk und kleine Geschäfte gibt es in der *Lille Øvregate* rechts von der Fløibahn, die Bergener Filiale von *Husfliden (www.norskflid.no/bergen)* liegt gleich hinter der Touristeninformation. Auf *Strandkaien* gegenüber von Bryggen finden Sie zwei kleine Geschäfte: *Vågen Fetevarer* hat den besten Aufschnitt aus Schafsfleisch, bei *Strandkaien Fisk* gibt's unter anderem warme, frische *fiskekaker.*

ÜBERNACHTEN

HOTEL AUGUSTIN 🌊

Bergens ältestes Familienhotel ist komplett renoviert und liegt direkt am Hafen. Die ❄ Zimmer zum Vågen bieten besonders in den Sommernächten einen traumhaften Blick. *109 Zi. | C. Sundts gate 22 | Tel.* *55 30 40 00 | Fax 55 30 40 10 | www.augustin.no | €€€*

SKANSEN PENSIONAT

Nur ein paar Treppenstufen oberhalb der Fløibahn, mitten in der Stadt, liegt diese kleine Pension, in der sich die Gäste sofort wohlfühlen. *7 Zi., 4 Wohnungen | Vetrlidsallmenningen 29 | Tel. 55 31 90 80 | Fax 55 31 15 27 | www.skansen-pensjonat. no | €€*

AUSKUNFT

Turistinformasjon | Vågsallmenningen 1 | Tel. 55 55 20 00 | Fax 55 55 20 01 | www.visitbergen.com

>LOW BUDGET

> Die beste und wahrscheinlich billigste italienische Pizza (ab 70 NOK) in Bergen gibt es bei *Pastasentralen. Daniel Hansens gate 9 | Tel. 55 99 00 37*

> *Jakobs Apartment* nahe am Fischmarkt in Bergen hat Schlafräume mit 4-16 Betten (gemischt). *Ab 2 Personen 385 NOK pro Nacht | Kong Oscars gate 44 | Tel. 98 23 86 00 | Fax 55 54 41 69 | http://dorm.no*

> Traumhaft über dem Hardangerfjord liegt die *Jugendherberge von Lofthus.* Saison Juli-15. Aug. | Bett ab 190 NOK | Tel. 53 67 14 00 | www. hardangervandrerhjem.com

> Westnorwegens Küste vom Katamaran aus! Die Fahrt auf der Strecke Bergen–Stavanger kann auf bis zu fünf Tage ausgedehnt werden. *640 NOK, Hin- und Rückfahrt 840 NOK | Tide | Møllendalsveien 1a | Bergen | Tel. 055 05 | www.tide.no*

■ ZIELE IN DER UMGEBUNG ■

LYSØEN [126 A3]

Wegen seiner urigen Stilmischung sehenswerter Landsitz des Bergener Wundergeigers Ole Bull (1810 bis 1888) auf einer kleinen Insel im Fanafjord. Der Besuch ist mit einer kurzen Bootsfahrt verbunden. *Im Sommer Mo–Sa 12–16, So 11–17 Uhr | Eintritt 30 NOK inkl. Führung | Bootsfahrt 50 NOK | www.lysoen.no | 25 km südlich von Bergen an der Straße 553*

TROLDHAUGEN/GRIEG-MUSEUM UND WOHNHAUS [126 A3]

In der Villa auf einer Halbinsel im See Nordåsvannet lebten Edvard Grieg und seine Frau Nina 22 Jahre lang vom Frühling bis in den Herbst. Die kleine Komponistenhütte am Wasser inspirierte Grieg zu weltberühmten Werken. Im gut versteckten *Troldsalen* zwischen Villa und Museum finden im Sommer regelmäßig Konzerte statt. *Mai–Sept. tgl. 9–18 Uhr | Eintritt 60 NOK | Troldhaugveien 65 | www.troldhaugen.com | 10 km südlich von Bergen | Anreise mit dem Bus ab Bussteig 19–21 | Haltestelle Hop*

HARDANGER

[126 B-C 3–4] Der Gletscher Folgefonna überragt die Region an den Ufern des Hardangerfjords, der südlich von Bergen ins Landesinnere aufbricht und erst an der Hochebene Hardangervidda endet. Egal, in welche Richtung Sie blicken: Wasserfälle stürzen von den noch schneebedeckten Höhen zu Tal. Zwischen bewaldeten Hängen und dem im Sommer blaugrünen Fjord stehen Hunderttausende Obstbäume. Eines der Glanzlichter ist die Obstblüte Ende April – eine Zeit, in der ein paar Hundert Meter höher noch Ski gelaufen wird.

■ SEHENSWERTES ■

BARONIET ROSENDAL

Zu dem herrschaftlichen Gebäude am südlichen Rand von Hardanger, 1663–65 als Schloss gebaut, gehören ein romantischer Landschaftspark und ein Renaissancepark. *Mai–Ende Juni und Mitte August–Anfang Sept. tgl. 11–15 Uhr, Ende Juni–Mitte Aug. tgl. 11–17 Uhr | Eintritt 75 NOK | Rosendal | www.baroniet.no*

HARDANGER FARTØYVERNSENTERET (MUSEUMSWERFT HARDANGER)

Insider Tip

Hier werden Schoner und andere Segelboote, aber auch alte Ruderboote wieder fit gemacht, und die Besucher können zudem einiges über das Seilerhandwerk lernen. Im Sommer Führungen, Café. *Ende Mai–Aug. tgl. 10–17 Uhr | Eintritt 60 NOK | Norheimsund | www.fartoyvern.no*

HARDANGERVIDDA ★

Die mit 9000 km² größte Hochebene Europas, das norwegische Wandergebiet schlechthin. Nur von Juni bis September kommen die gut markierten Wanderwege zum Vorschein, die das karge, 1000 bis 1600 m hohe Plateau durchkreuzen. Die Flora beschränkt sich auf Krüppelbirken, Gräser und Flechten, die Fauna birgt Überraschungen: Raubvögel, Lemminge und Europas südlichsten wilden Rentierbestand. Wirkliche Gipfel gibt es nur im Westen, das Wandern ist gefahrlos, übernachtet wird in bewirtschafteten Hütten, Selbstversorgerhütten oder im eigenen Zelt.

Auf die „Vidda" wandert man am besten von der Straße 7 am Nordrand oder von der E 134 am Südostrand bei *Røldal* aus. Eine anstrengende, aber schöne Aufstiegsvariante

im *Restaurant (Tel. 53 66 59 00 | €)* des Naturcenters zaubert exzellente traditionelle Gerichte hervor. *April bis Mai und Sept.–Okt. tgl. 10–18 Uhr, Juni–Aug. 9–20 Uhr | Eintritt 80 NOK | www.hardangervidda.org | Øvre Eidfjord*

Die Seele baumeln lassen – in der kargen Landschaft der Hardangervidda

schließt die im 13. Jh. von Mönchen angelegten ✻ *Munkatrappene* bei *Lofthus* (Straße 13) am Westrand der Hardangervidda mit ein. Mit jeder Treppenstufe bekommen Sie einen besseren Überblick über Fjord und Fjell, und am höchsten Punkt (950 m) stürzt ein Fluss von der Vidda hinunter.

HARDANGERVIDDA NATURCENTER

Wenn Sie die Hardangervidda nicht nur wandernd entdecken möchten, bekommen Sie hier einen vertiefenden Einblick in Natur und Kulturgeschichte der Hochebene. Die Küche

VØRINGFOSSEN ★ ✻

Der tiefste Punkt des leicht zugänglichen Wasserfalls ist kaum zu sehen, der Blick über das tosende Nass und die tiefe Schlucht umso spannender. Nur wenige Kilometer entfernt in Richtung Hardangervidda liegt der riesige *Sysendamm*. Von dort aus bietet sich ein herrlicher Blick ins Tal und zum Gletscher Hardangerjøkulen.

■ ESSEN & TRINKEN

STEINSTØ FRUKTGARD ✻

Obst und Beeren aus Hardanger, ordentliche norwegische Hausmannskost und einen traumhaften Blick über Fjord und Fjell gibt's im Café des Steinstø Fruktgard. *Fyksesundvegen | Steinstø | an der Straße 7 | Tel. 56 55 79 33 | www.steinsto-fruktgard.no | €*

■ ÜBERNACHTEN

HARDANGER GJESTEGARD

Mittelpunkt des in einem Obstgarten gelegenen Gasthofs ist eine ehemalige Obstpresserei, deren Maschinen und Weinkeller noch erhalten sind. *7 Zi. | Tel. 53 66 67 10 | Fax 53 66 66 66 | www.hardanger-gjestegard.no | Alsåker | Utne | €€*

■ AUSKUNFT

Reisemål Hardangerfjord | Norheimsund | Tel. 56 55 38 70 | www.hardangerfjord.com

MOLDE

[128 B5] Die kleine Stadt (24 000 Ew.) am gleichnamigen Fjord ist Verwaltungszentrum des Verwaltungsbezirks Møre og Romsdal. Beim sommerlichen Jazzfestival in der „Stadt der Rosen" steht alles kopf. Das Umland hält ein spannendes Nebeneinander von Bergen, Fjorden und offenem Meer bereit.

■ SEHENSWERTES

ROMDALSMUSEET

Idyllisch gelegenes Freilichtmuseum oberhalb der Stadtmitte. Hier sind rund 50 alte Häuser zu besichtigen. *Juni und Aug. Mo–Sa 11–15, So 12 bis 15 Uhr, Juli Mo–Sa 11–18, So 12 bis 18 Uhr | Eintritt 60 NOK | Per Amdamsvei 4*

❯ BÜCHER & FILME
Schräge Typen aus dem Norden

❯ **Der Alleinunterhalter** – Lars Saabye Christensen beschreibt die Begegnung eines Städters mit den Menschen und Launen auf einer nordnorwegischen Insel.

❯ **Über alle Ufer** – Johnny Hallberg schildert Menschen auf dem Dorf, die im Angesicht einer Überschwemmung von ihrer Vergangenheit und ihren Beziehungen eingeholt werden.

❯ **Evas Auge** – Spannend erzählt und dabei kritisch sind die Krimis von Karin Fossum, herausragend ihr Erstling.

❯ **Ein Schrei in den Wäldern** – Der Roman „Wer hat Angst vor dem bösen Wolf" von Ingvar Ambjørnsen war Vorlage für den nordisch-kalt gefilmten Thriller (2004). Fünf Titel des in Hamburg lebenden Autors sind dem verschrobenen Außenseiter Elling gewidmet. Hier porträtiert Ambjørnsen mit viel Humor die norwegische Gesellschaft der Jahre 1970–90. Die erste Verfilmung „Elling" (2001) war eine herrliche Komödie mit Tiefgang.

❯ **Kitchen Stories** – Der Regisseur Bent Hamer hat es bis nach Hollywood geschafft. Seinem Erstling „Eggs" (1995) folgte das mehrfach ausgezeichnete „Kitchen Stories" (2003), eine etwas groteske Geschichte mit leisem Humor, wenigen Dialogen und einer erstklassigen Charakterdarstellung.

VARDEN

Ein kleiner Gipfel (407 m) am nördlichen Stadtrand, den Sie in zehn Minuten mit dem Auto oder nach einer einstündigen Wanderung erreichen. Herrlicher Blick über die Gipfel von Romsdalen vom Restaurant 🔊 *Vardestua (Mai–Okt. | Tel. 71 25 10 86 | www.vardestua.no),* in dem gute norwegische Küche serviert wird.

■ EINKAUFEN

Insider Tipp

DEN GODE SMAK

Exklusive traditionelle Lebensmittel und Leckereien direkt von norwegischen Höfen gibt es hier. *Torget 1*

■ ÜBERNACHTEN

HUSTADVIKA GJESTEGÅRD 🔊

In Farstad, knapp 50 km nördlich von Molde, liegt am Meer dieses auf den Überresten einer Fischannahmestelle erbaute Gasthaus. *17 Zi., 14 Hütten | Storholmen | Tel. 71 26 47 00 | Fax 71 26 47 10 | www. hustadvika.no | €€*

RICA SEILET HOTEL 🌼 🔊

In Molde, direkt am Fjord, geformt wie ein riesiges Segel. Die meisten Zimmer bieten einen traumhaften Ausblick. *169 Zi. | Tel. 71 11 40 00 | Fax 71 11 40 01 | www.rica.no | €€€*

■ FREIZEIT & SPORT

Insider Tipp

RADFAHREN AM MEER

Erkunden Sie die Inseln vor Molde mit dem Fahrrad. Beim „Inselhüpfen" wird man kaum von Autos gestört, hat die ganze Zeit Salz auf den Lippen und stille Buchten in der Nähe. Die Tour ab Molde über drei Inseln (siehe *www.visitmolde.com*) ist rund 200 km lang.

Am Fjord in Molde: das Hotel Rica Seilet

■ AUSKUNFT

Turistinformasjon | Torget 4 | Tel. 71 20 10 00 | Fax 71 20 10 01 | www. visitmolde.com

■ ZIELE IN DER UMGEBUNG

BUD UND ATLANTIKSTRASSE   [128 B4–5]

Vom idyllischen Fischerdorf Bud aus geht es den Küstenabschnitt Hustadvika entlang, bei Seeleuten wegen wechselnder Winde und Strömungen berüchtigt – die Route garantiert engsten Kontakt mit den Elementen. Über acht Brücken, die Holme (kleine Inseln) und Schären miteinander verbinden, fahren Sie auf die Insel *Averøya* und von dort weiter in die Hafenstadt *Kristiansund*. Links und rechts der Straße gibt es Rastplätze und Angelstellen zum Ausruhen und Entspannen. *www.atlanter havsveien.no*

SOGNEFJORD

[126 A–C2] Eine riesige Mündung und mächtige Gebirgslandschaften auf beiden Ufern charakterisieren den längsten und tiefsten Fjord Norwegens. Auch heute noch sind die Reisenden auf Fähren angewiesen, die den Fjord zu jeder Tages- und Nachtzeit überqueren. Einige Nebenarme des Sognefjords sind berühmte, von der Natur geschaffene Touristenattraktionen.

■ SEHENSWERTES

BALESTRAND ✿

Ein kleiner Ort an der breitesten Stelle des Sognefjordes, wo Landschaft und Licht seit 150 Jahren Kunstmaler anziehen. Zwischen den hübschen Häusern – darunter mehrere Galerien – herrscht Beschaulichkeit, der Blick über den Fjord ist unübertroffen. Übernachten können Sie im ◗ *Kviknes Hotel* (190 Zi. | Tel. 57 69 42 00 | Fax 57 69 42 01 | *www. kviknes.no* | €€€), einem im Schweizerstil erbauten Märchenhotel, dessen Gemeinschaftsräume gleichzeitig Museum sind.

Insider Tipp Die *Fähre Balestrand–Fjærland* (Abfahrt Mai–Sept. tgl. 8.05 und 12 Uhr) steuert durch den schmalen Fjærlandfjord Richtung Norden direkt auf einen Arm des *Jostedalsbreen*, des größten Gletschers auf dem europäischen Festland, zu. *Auskunft: Touristeninformation | Tel. 57 69 12 55*

BORGUND STAVKIRKE ★

30 km östlich von *Lærdal*, einem kleinen Ort am östlichen Ende des Sognefjords, steht an der E 16 die bekannteste der norwegischen Stabkirchen (erbaut um 1180). Neben den Drachenköpfen auf dem Giebel fallen die wunderschönen Schnitzereien am Westportal auf. Wenn zu viel Andrang herrscht, lohnt sich der Abstecher zur Undredal Stavkirke. *Mai bis Mitte Juni und Mitte Aug.–Sept. tgl. 10–17 Uhr, Mitte Juni–Mitte Aug. 8 bis 20 Uhr | Eintritt 65 NOK | www. stavechurch.com*

FLÅMSBAHN ★

Am Fuß des Aurlandfjords liegt das Dorf *Flåm*, Endpunkt der Flåmsbahn, die 20 km südlich auf 865 m Höhe in *Myrdal* beginnt und sich durch das schmale Flåmsdalen auf atemberaubende Weise an steil aufragenden Hängen entlang und durch Tunnel zum Fjordufer vorarbeitet. *Fahrpreis 290 NOK | Rundreiseangebot ab Bergen | www.flaams bana.no*

NORSK BREMUSEUM

Ausstellungen, Modelle und ein Panoramafilm über den Gletscher Jostedalsbreen sind Bestandteile dieses architektonisch interessanten Museums, das in Fjærland am Fuß der Gletscherarme Bøyabreen und Suphellebreen liegt. *April–Mai und Sept. bis Okt. tgl. 10–16 Uhr, Juni–Aug. 9–19 Uhr | Eintritt 85 NOK | www. bre.museum.no*

UNDREDAL STAVKIRKE

Insider Tipp Die kleinste Kirche Skandinaviens liegt 13 km nördlich von Flåm versteckt zwischen gewaltigen Berghängen am Ufer des Aurlandsfjords. Das nur 4 m breite Gotteshaus wurde wahrscheinlich im 12. Jh. gebaut. Das Dorf Undredal ist auch für seinen Ziegenkäse bekannt.

■ ZIELE IN DER UMGEBUNG

NORDFJORD [126 B1]

Unterhalb des riesigen Gletschers Jostedalsbreen liegen an beiden Ufern des Nordfjords hübsche Dörfer und Mittelgebirge, die zu langen

Sognefjord: Der längste und tiefste Fjord Norwegens ist von mächtigen Gebirgen umgeben

■ AUSKUNFT

Balestrand, Fjærland, Leikanger, Vik: Sognefjord Reiseliv BA | Balestrand | Tel. 57 69 16 17 | Fax 57 69 14 31 | www.midsogn.no
Sogndal, Jostedal, Skjolden, Gaupne (Luster): Sogndal & Luster Tourist Office | Gaupne | Tel. 97 60 04 43 | www.sognefjord.no
Aurland, Flåm, Lærdal: Aurland Tourist Office | Aurland | Tel. 57 63 33 13 | Fax 57 63 11 48 | www.alr.no

Wanderungen einladen. 22 km hinter der beschilderten Abzweigung in *Olden* (185 km nördlich von Balestrand) beginnen im Tal *Oldendalen* die *Fahrten zur Gletscherzunge Briksdalsbreen (Mitte April–Mitte Okt. tgl. 7–21 Uhr | Vorbestellung Tel. 57 87 68 05 | 170 NOK | www.oldedalen-skysslag.com)*.

Eine preisgünstigere Alternative ist die Fahrt von *Loen* am See Loenvatnet entlang zum Talende von

Kjenndal. Von dort aus können Sie in einer Viertelstunde zum Gletscherarm *Kjenndalsbreen* wandern.

Weitere Informationen sind erhältlich bei *Reisemål Stryn & Nordfjord AS | Tel. 57 87 40 40 | Fax 57 87 40 41 | www.nordfjord.no.*

STADLANDET/VESTKAPP   [128 A6]

Von dem kleinen Hafenort Selje (245 km nordwestlich von Balestrand) fahren *Schiffe zu den Ruinen des Selje-Klosters (Juli tgl. 3 Abfahrten | Juni und Aug. tgl. 2 Abfahrten | 150 NOK | Fahrkarten in der Touristeninformation | Tel. 57 85 66 06 | www.seljekloster.no).* Das Kloster wurde Anfang des 12. Jhs. zu Ehren von St. Sunniva, der Schutzheiligen Westnorwegens, von Benediktinermönchen errichtet.

Insider Tipp

Einen wunderschönen Sandstrand finden Sie in *Ervik* unterhalb des Vestkapps. An der Abzweigung zum Dorf liegt der Campingplatz *Vestkapp Camping (Hütten für 4 oder 6 Personen | Tel. 57 85 99 50 | €)* – der perfekte Ausgangspunkt für einen Ausflug zum 3 km entfernten Vestkapp. Fast 500 m überragt der Felsen den wegen der wechselnden Winde und Strömungen berüchtigten Küstenabschnitt Stadlandet. Der Blick, der sich von hier aus über das Meer und die Bergwelt bietet, ist traumhaft.

STAVANGER

[126 B5]   Norwegens Ölhauptstadt (115 000 Ew.) ist eine spannende Mischung aus Alt und Neu. Die Altstadt Gamle Stavanger an der Südseite der Stadtbucht Vågen steht in deutlichem Kontrast zu den Vierteln der Nordseite, wo sich hinter Kneipen und Restaurants gemütliche Einkaufsstraßen verstecken.

Eisiger Saum: Am Nordfjord lassen sich lange Wanderungen unternehmen

SEHENSWERTES

NORSK HERMETIKKMUSEUM

Das Konservenmuseum ist in einer ehemaligen Konservenfabrik untergebracht. Die Eintrittskarte gilt für alle fünf Anlagen des Stavanger Museums, zu denen auch das Hermetikkmuseum gehört. *15. Juni bis 15. Aug. tgl. 11–16 Uhr, sonst Di–So 11–16 Uhr | Eintritt 60 NOK | Øvre Strandgate 88 | www.stavanger.museum.no*

NORSK OLJEMUSEUM

In dem modernen und interaktiven Erdölmuseum wird gezeigt, wie das schwarze Gold entsteht, gefördert und genutzt wird – und wie sich Norwegen durch das Offshore-Abenteuer verändert hat. *Juni–Aug. tgl. 10 bis 19 Uhr, Sept.–Mai Mo–Sa 10 bis 16, So 10–18 Uhr | Eintritt 80 NOK | Kjeringholmen | www.norskolje.museum.no*

ESSEN & TRINKEN

BEVAREMEGVEL ▶▶

Der Name ist eine Redewendung (so etwa: Von wegen!), die Mittagskarte des Restaurants ist sehr vielfältig, die Tagesgerichte (bis 18 Uhr) kosten zwischen 90 und 180 NOK. *Skagen 12 | Tel. 51 84 38 60 | booking@herlige-stavanger.no | €€€*

ÜBERNACHTEN

SKAGEN BRYGGE HOTEL 🔊

Direkt an der Hafenbucht. Die Zimmer sind sehr gut ausgestattet, und das Frühstück ist reichhaltig. *110 Zi. | Skagenkaien 30 | Tel. 51 85 00 00 | Fax 51 85 00 01 | www.skagenbryggehotell.no | €€€ (im Juli €€)*

AUSKUNFT

Stavanger Turistinformasjon | Domkirkeplassen 3 | Tel. 51 85 92 00 | Fax 51 85 92 02 | www.regionstavanger.com

ZIEL IN DER UMGEBUNG

LYSEFJORD ⭐ ☀   [126 B5]

In diesen scheinbar uferlosen und sehr schmalen Fjord gelangen Sie ganz bequem von Stavanger aus mit dem *Ausflugsschiff (tgl. 12 Uhr ab Skagen-Kai | Fahrtdauer 3,5–4 Std. | 290 NOK | www.rodne.no)* – währenddessen können Sie das berühmte Felsplateau, die „Kanzel" *(Preikestolen),* von unten bestaunen. Oder Sie fahren mit dem Auto über die *Fähre Stavanger–Tau (40 Min. | tgl. ca. 30 Abfahrten)* und weiter auf der Straße 13 nach *Jøssang,* wo die knapp zweistündige Wanderung zum Felsplateau beginnt. An schönen Sommertagen lohnt es sich, bei Sonnenaufgang auf der Kanzel zu sein.

> NORWEGENS HERZ – EIN WENIG VERSTECKT

Die Region um Trondheim: eine zerrissene Küste, ein schmales Hinterland und Zentrum norwegischer Kirchengeschichte

> **Die Landschaften um die Dom- und Universitätsstadt Trondheim sind für viele Überraschungen gut.**

Die Gebirge im Süden der Region sind beliebte Ski- und Wandergebiete, der weit verzweigte Trondheimsfjord ist von weiten Feldern gesäumt, durch die sich einige der besten Lachsflüsse des Landes schlängeln. Vor allem aber ist Trøndelag eine Fundgrube für Geschichtsinteressierte.

Bild: Trondheim

DOVRE

[128–129 C–D 5–6] Das Tor nach Trøndelag ist das Gebirge ⭐ Dovrefjell mit dem gleichnamigen Nationalpark. Die Verkehrsader E 6 zieht sich durch das Bergmassiv, in dem auch rund 2500 wilde Rentiere und 130 Moschusochsen zu Hause sind. Wichtigster Ort der Region ist das bei Familien mit Kindern beliebte Alpinzentrum Oppdal.

TRØNDELAG

■ SEHENSWERTES ■

Die Herberge *Kongsvold Fjeldstue (www.kongsvold.no)* hat eine lange Geschichte als Berggasthof und ist gleichzeitig Forschungsstation für Botanik und Zoologie. Der mit einer weißen Kappe bedeckte Gipfel *Snøhetta* (2286 m) ist Ziel einer knapp siebenstündigen Wanderung durch das Reich der Moschusochsen. Noch besser ist es, wenn Sie sich einer *Moschussafari* anschließen

(Dauer ca. 5 Std. | 300 NOK | ab Kongsvold Fjeldstue oder Dombås Turistbüro | www.moskus-safari.no). Kongsvoll liegt 43 km nördlich von Dombås an der E 6

■ ÜBERNACHTEN ■

HJERKINN FJELLSTUE 🔊

Ein uriges Holzhotel an der Baumgrenze in 1000 m Höhe. Viele Aktivitäten. *38 Zi. | Tel. 61 21 51 00 | www.hjerkinn.no | €€€*

Oppdal Turistkontor | O. Skarsliens vei 15 | Tel. 72 40 04 70 | Fax 72 40 04 80 | www.oppdal.com

RØROS

[129 D5] ⭐ **In der ehemaligen Kupferbergbaustadt (5600 Ew.) nahe der schwedischen Grenze scheint die Zeit stehen geblieben zu sein.** In den zwei Hauptstraßen des Ortes stehen rund 50 denkmalgeschützte Häuser, die von

Das Rørosmuseet zeigt die Welt des Kupferbergbaus im Modell

der Kirche, dem einzigen Steingebäude weit und breit, überragt werden. Røros ist ein Winterferienort: Die Temperaturen können bis minus 30 Grad fallen, doch in dem trockenen Binnenklima ist eine Schlittenfahrt ein tolles Erlebnis.

◼SEHENSWERTES◼
OLAVSGRUVA (OLAVSGRUBE)

Kupferbergwerk ca. 13 km östlich von Røros an der Straße 31 nach Schweden. *Führungen 10. Juni bis 15. Aug. tgl. 11, 12.30, 14, 15.30 und 17 Uhr, sonst Mo–Sa 13 und 15 Uhr | Eintritt 60 NOK | www.verdens arvenroros.no*

RØROSMUSEET

Inside-Tipp

Das ausgezeichnete Museum, das mit Hilfe von Modellen den Grubenbetrieb veranschaulicht, liegt am Ortsrand neben den riesigen Erzhalden. *10. Juni–15. Aug. tgl. 10–18 Uhr, sonst Mo–Fr 11–17, Sa, So 11–15 Uhr | Eintritt 60 NOK*

◼ESSEN & TRINKEN◼
VERTSHUSET RØROS 🔊

Traditionsreiche Fleischgerichte in stimmungsvoller Atmosphäre, die das hohe Preisniveau wettmacht. *Kjerkgata 34 | Tel. 72 41 93 50 | www.vertshuseteroros.no | €€€*

◼ÜBERNACHTEN◼
VINGELSGAARD GJESTGIVERI 🔊

Uriger, in 750 m Höhe gelegener Berggasthof mit Almbetrieb und traumhaft schönem Wandergebiet, auch für Radwanderer. *8 Zi. | Gardsjordet | Vingelen | Tel. 62 49 48 20 | Fax 62 49 45 31 | gjest@vingels gaard.no | €*

AUSKUNFT

Røros Turistkontor | Peder Hiortsgata 2 | Tel. 72 41 11 65 | Fax 72 41 02 08 | www.rorosinfo.com

TRONDHEIM

[129 D4] **Bis zur Reformation 1536 war Trondheim (160 000 Ew.) Sitz der norwegischen Erzbischöfe und Wallfahrtsort für Pilger, die unter dem ab 1070 errichteten Nidarosdom das Grab Olavs des Heiligen vermuteten.** Der Dom ist Norwegens einzige Kathedrale und bekannteste Sehenswürdigkeit in einer Stadt, die heute vor allem für ihre technische Universität und international renommierte Forschungsinstitutionen bekannt ist – was Einwohner und Gäste auch daran merken, dass in der Innenstadt WLAN frei verfügbar ist *(www.tradlosetrondheim.no).*

SEHENSWERTES

ERKEBISPEGÅRDEN

Seit Mitte des 12. Jhs. war der erzbischöfliche Hof politisches und geistiges Zentrum in Norwegen, nach der Reformation Residenz der nordnorwegischen Lehnsherren, später dann Militärlager. Zu besichtigen sind archäologische Funde, religiöse Skulpturen und eine Rüstkammer. *Mai bis 14. Sept. Mo–Fr 10–15 (im Sommer bis 16) Uhr, Sa 10–15 Uhr, So 12–16 Uhr, sonst kürzer | Eintritt 50 NOK (inkl. Besuch des Nidarosdoms)*

GAMLE BYBRO (ALTE STADTBRÜCKE)

Die 1861 erbaute, rot gestrichene Brücke führt von der Stadtmitte zum Stadtteil *Bakklandet* mit schmalen Gassen und hübschen Holzhäusern.  *Insider Tipp*

KRISTIANSTEN FESTNING ✳

Die Festung wurde 1681 angelegt und verhinderte 1718 die Eroberung der Stadt durch das schwedische Heer. Der Blick über Stadt und Umgebung ist traumhaft. Wenn die Flagge gehisst ist, sind die Festungstore geöffnet, Gebäude und Räume sind von Juni bis August zugänglich.

MUNKHOLMEN ⭐ ✳

Eine kleine Insel im Fjord vor der Stadt mit sehr gut erhaltenen Klosterruinen. Zu Zeiten der Wikinger wurden hier Häuptlinge geköpft, ab 1658 war das Anfang des 11. Jhs. entstan-

MARCO POLO HIGHLIGHTS

⭐ **Dovrefjell**
Wandergebiet mit herrlichen Aussichtspunkten (Seite 62)

⭐ **Røros**
Eine Reise zurück in die Blütezeit des Kupferbergbaus (Seite 64)

⭐ **Munkholmen**
Kleine Insel vor Trondheim mit „fesselnder" Vergangenheit (Seite 65)

⭐ **Nidarosdom**
Blickpunkt in Trondheim: prächtige Kathedrale und Segnungsstätte für Norwegens Könige (Seite 66)

⭐ **Ringve Museum**
Das prachtvolle Anwesen am Stadtrand von Trondheim und das darin eingerichtete Musikhistorische Museum sind gleichermaßen sehenswert (Seite 66)

dene Kloster eine Festung mit Gefängnis. Von den Badeplätzen auf der Insel haben Sie einen schönen Blick auf die Stadt und über den Fjord. *Im Sommer stündlich 10–18 Uhr Fährboot (hin und zurück 50 NOK) ab Anleger Ravnkloa an der Fischhalle*

NIDAROSDOM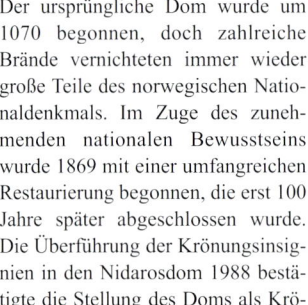

Der ursprüngliche Dom wurde um 1070 begonnen, doch zahlreiche Brände vernichteten immer wieder große Teile des norwegischen Nationaldenkmals. Im Zuge des zunehmenden nationalen Bewusstseins wurde 1869 mit einer umfangreichen Restaurierung begonnen, die erst 100 Jahre später abgeschlossen wurde. Die Überführung der Krönungsinsignien in den Nidarosdom 1988 bestätigte die Stellung des Doms als Krönungskirche. *Mai–14. Sept. Mo–Fr 9–15 (Mitte Juni–Mitte Aug. 9–18), Sa 9–14, So 13–16 Uhr | Eintritt 50 NOK | www.nidarosdomen.no*

RINGVE MUSEUM

In einem wunderschönen Park am Ostrand der Stadt liegt der prächtige Herrenhof *Ringve Gård* aus dem 18. Jh., der das Musikhistorische Museum beherbergt. Die Musikinstrumentensammlung in einer umgebauten Scheune bietet die Möglichkeit, ein wenig selbst zu musizieren. *Mitte Mai–Ende Juni und Mitte Aug. bis Mitte Sept. tgl. 11–15 Uhr, Ende Juni–Mitte Aug. 11–17 Uhr | Eintritt 75 NOK | www.ringve.no | Stadtteil Lade | gut ausgeschildert*

STIFTSGÅRDEN (STIFTSHOF)

Der 58 m lange Stadthof wurde 1778 fertiggestellt, Räume und Einrich-

tung sind ganz vom Rokoko geprägt. Besucher bekommen beim Gang durch die Säle den Eindruck, sich in einem Schloss aus Holz zu bewegen. *Juni–20. Aug. Mo–Sa 10–17, So 12 bis 17 Uhr | stündlich Führungen | Eintritt 60 NOK | Munkegata 23*

TYHOLT-TÅRNET (FERNSEHTURM)

Perfekter Blick über Trondheim und Umgebung aus 120 m Höhe. Im Turmrestaurant *Egon (€€)*, 80 m über dem Erdboden, gibt es Pizza und gute Lunchgerichte. *Otto Nielsens vei 4*

VITENSKAPSMUSEUM

Das Wissenschaftsmuseum zeigt archäologische Funde von der Steinzeit bis zur Wikingerzeit. Lohnende Ausstellungen über das mittelalterliche Trondheim und die Kirchenkunst bis

>LOW BUDGET

▸ In Trondheim locken mit freiem Eintritt das *Norwegische Justizmuseum,* die *Rüstkammer* und das *Heimatfrontmuseum,* der *botanische Garten in Ringve* und der *Tyholt-Turm.*

▸ Während der *Olavfesttage* (Ende Juli/ Anfang August) in Trondheim ist der Eintritt zu vielen Veranstaltungen frei.

▸ Wer Trondheim mit dem Fahrrad erkunden will, sollte für drei Stunden bei der Touristeninformation eines mieten (70 NOK).

▸ Wer die Mittelgebirge von Nord-Trøndelag erwandern möchte, findet gemütliche Hütten auf dem *Campingplatz Føllingstua* 14 km nördlich von Steinkjer. *4 Personen 490 NOK pro Tag | Tel. 74 14 71 90 | www.follingstua.no*

um 1700. *Mai–Mitte Sept. Mo–Fr 9 bis 17, Sa, So 11–17 Uhr, sonst kürzer | Eintritt 25 NOK | Erling Skakkes gate 47*

ESSEN & TRINKEN

DICKENS
Bistro mit Grillgerichten und wohlschmeckenden Kleinigkeiten. *Kjøpmannsgata 57 | Tel. 73 51 57 50 | €€*

DEN GODE NABO ▶▶
Im Keller unter Trondheims edelstem Restaurant *Bryggen* neben der alten Stadtbrücke versteckt sich diese urgemütliche Kneipe. *Øvre Bakklandet 66 | Tel. 73 87 42 40 | €*

EINKAUFEN

Klassisches und ausgefallenes Kunsthandwerk gibt's bei *Aune trønderkeramikk (Kongens gate 27). Husfliden-Filiale: Olav Tryggvasons gate 18 (www.norskflid.no/trondheim)*

ÜBERNACHTEN

COMFORT HOTEL BAKERIET 🛜
Abseits des Stadtverkehrs, aber im Zentrum liegt dieses stilvoll eingerichtete Hotel mit hellen, gemütlichen Zimmern. *109 Zi. | Brattørgata 2 | Tel. 73 99 10 00 | Fax 73 99 10 01 | www.choicehotels.no/hotels/no30 | €€€*

ELGESETER HOTEL 🛜
Kleines, gemütliches Hotel am Stadtrand in der Nähe der Universität. *23 Zi. | Tormodsgate 3 | Tel. 73 82 03 30 | www.elgeseter-hotell.no | €€*

AUSKUNFT

Turistinformasjon | Munkegata 19 | Tel. 73 80 76 60 | Fax 73 80 76 70 | www.visit-trondheim.com

Das prachtvolle Mittelschiff des Nidarosdoms in Trondheim

Stadtrundfahrten: *Anfang Mai bis Aug. tgl. 11 Uhr ab Turistinformasjon | 185 NOK*

ZIEL IN DER UMGEBUNG

REINEN VED BØLA   [129 D3]
Eine der berühmtesten Felszeichnungen Norwegens ist das „Rentier von Bøla" (rund 140 km nordöstlich von Trondheim). Biegen Sie in *Steinkjer* auf die Straße 763 ein. Vom Hinweisschild am Straßenrand führt ein schmaler Waldweg zu der 6000 Jahre alten Ritzzeichnung, die ein Rentier darstellt.

> ## WEILEN STATT EILEN

Ein schmaler Streifen Land mit einer sagenhaft schönen Inselwelt und gastfreundlichen Menschen

> **Was sich hinter Trondheim auftut, ist auf den ersten Blick nur ein endlos langer und schmaler Streifen Land – und offenbart sich erst bei genauem Hinsehen als eine der schönsten und vielfältigsten Regionen Norwegens.**

Im Fylke Nordland liegt die schmalste Stelle Norwegens, gerade einmal 6 km sind es vom Ende des Tysfjords bis zur schwedischen Grenze. Nur zwei Straßen bahnen sich den Weg nach Norden: die eine durch ein dicht bewaldetes Tal, die andere über zahlreiche Fähren, immer am Meer entlang. Die Hauptverkehrsader Norwegens, die E 6, misst von Trondheim bis zur Grenze nach Nordland immerhin knapp 300 km. Der Polarkreis ist dann immer noch 250 km entfernt, Bodø, die Hauptstadt Nordlands, liegt weitere 180 km, Narvik gut vier Stunden weiter nördlich. Also lieber rechts ranfahren und sich einlassen auf diese bereits arkti-

> *www.marcopolo.de/norwegen*

NORDLAND

sche Region, die vor allem Natur pur bereithält.

Nordland ist die Heimat von Knut Hamsun, hier hat der Dichter und Nobelpreisträger viele seiner Charaktere geschaffen und angesiedelt. Sie leben vom Fisch und lieben ihr Nordland, muntere Geschichten und derbe Witze. Die Nordlendinger sprechen vom Wetter voller Respekt, lassen sich aber weder von der Natur noch von hohen Herren unterdrü-

cken. Auch Sie werden nicht lange brauchen, um die Herzlichkeit und Spontaneität der Menschen hier kennenzulernen.

Das kleine Nordland ist groß genug für viele Urlaube, und eine Reise mit Hurtigruten an der Küste von Helgeland entlang ist für viele der Beginn einer intensiven Beziehung. Hinter dem Geröll des östlichen Saltfjell-Gebirges verbergen sich Hochgebirgsseen, mächtige Gletscher und darunter riesige, teils zugängliche Grotten *(www.nordlands naturen.no).*

Im Norden des Fylke, zwischen Bodø und Narvik, liegt Knut Hamsuns Land: ein Paradies an der Küste. Davor schließlich liegen die Lofoten – sie sind so einzigartig, dass ihnen ein eigenes Kapitel gewidmet ist.

BODØ

[130 B4] Böse Zungen behaupten, dass es in Bodø (34 000 Ew.) immer windig ist. Tatsächlich liegt die Hafenstadt und Hauptstadt von Nordland offen zum Vestfjord hin. Nur der 800 m hohe, klobige Gipfel auf der vorgelagerten Insel Landego bietet ein wenig Schutz ge-

Raue Schönheit in einer der vielfältigsten Regionen Norwegens: Landschaft bei Bodø

Wer eine der Nordland-Inseln draußen im Meer besucht, wird herzlich empfangen und darf auch gern aktiv am Alltag der Fischer und Fischzüchter teilnehmen. Die Landschaft und die Atmosphäre „hier draußen" bilden den perfekten Rahmen für einen Traumurlaub im Nordmeer.

gen eisige Nordweststürme. Die Stadtrechte bekam der Ort bereits 1816, doch die deutschen Angriffe vom 27. Mai 1940 zerstörten die gesamte Bebauung. Deshalb erscheint Bodø seinen Besuchern heute eher langweilig, es gibt wenig sehenswerte Gebäude oder Häuserviertel. Die Einwohner Bodøs aber machen das wieder wett: Beim Bummel über den Moloveien am Seeufer entlang werden Sie merken, dass die Bodøværinger herzlich und offen sind – mit ihrer guten Laune prägen sie die Stadt.

Bodø ist aber auch Verkehrsknotenpunkt. Für die Nordlandbahn ist hier Endstation, gleich gegenüber legen die Hurtigruten-Schiffe an. Von hier aus fahren viele Urlauber mit der Fähre zu den Lofoten. Expressschiffe brechen in die abgelegenen Regionen und zu den Inseln auf, die auf beiden Seiten des Vestfjords liegen. Der ist Kinderstube für den nordatlantischen Dorsch, und wenn Sie köstlich zubereiteten Dorsch essen möchten – tun Sie es in Bodø!

■■■ SEHENSWERTES ■■■

BODIN KIRKE

Die um das Jahr 1240 entstandene Steinkirche liegt 3 km vor der Stadtmitte direkt am Saltfjord. Besonders auffällig ist die reich gestaltete Altartafel von 1670. *Mitte Juni–Ende Aug. Mo–Fr 10–15 Uhr*

NORSK LUFTFARTSMUSEUM

Die Geschichte der norwegischen zivilen Luftfahrt und der Luftwaffe, ein Flugsimulator und die Darstellung dessen, was bei Start und Landung so alles passiert: ein spannender Einblick für Groß und Klein. *Mitte Juni–Mitte Aug. tgl. 10–18 Uhr, sonst Mo–Fr 10–16, Sa, So 11–17 Uhr | Eintritt 80 NOK | www. luftfart.museum.no*

NYHOLMEN KULTURHISTORISK OMRÅDE (LEUCHTTURM UND SCHANZE) ☼

Auf einer kleinen, vor der Stadt gelegenen Insel befindet sich die rekonstruierte Schanze, die in der Zeit von 1810 bis 1835 als Schutzanlage für die Handelsniederlassung Hundholmen, die spätere Stadt Bodø, diente. Bei einem Spaziergang zum Leuchtturm sehen Sie Bodø und Umland vom Meer aus.

RØNVIKFJELLET ☼

Der Aussichtspunkt (150 m) mit Restaurant liegt 3 km von der Stadtmitte entfernt – der perfekte Ort, um die Mitternachtssonne zu genießen (vom 2. Juni bis zum 10. Juli). Außerdem kann man hier Seeadler beobachten *(geführte Wanderung 10. Juni bis 15. Juli tgl. 23 Uhr | Anmeldung bis 19.30 Uhr unter Tel. 75 54 80 00 bei der Turistinformasjon).*

MARCO POLO HIGHLIGHTS

★ Kjerringøy
Auf der Halbinsel nördlich von Bodø leben uralte Küstentraditionen wieder auf (Seite 73)

★ Saltstraumen
Im schnellsten Gezeitenstrom Norwegens werden beim Angeln Weltrekorde aufgestellt – trotz der unglaublich hohen Wassergeschwindigkeiten (Seite 74)

★ Svartisen
Nordnorwegens größter Gletscher reicht bis ans Meer heran, schützt das Binnenland vor den Stürmen des Nordmeers und birgt Geheimnisse in seinem Inneren (Seite 75)

BODØ

Insider Tipp

SALTEN MUSEUM – NORDLANDSMUSEET BODØ

Im ältesten Gebäude Nordlands (erbaut 1903) sind der Alltag der nordländischen Fischerbauern und die samische Besiedlung zentrale Themen. Hier wird auch der eisenzeitliche Silberschatz von Bodø aufbewahrt, der 1919 gefunden wurde. *Anfang Juni bis Ende Sept. tgl. 9–16, Sa, So 11 bis 16 Uhr, sonst Mo–Fr 9–15 Uhr | Eintritt 30 NOK | Prinsensgate 116 | www.saltenmuseum.no*

■ ESSEN & TRINKEN ■

BLIX RESTAURANT

Das Restaurant liegt direkt am Wasser mit Aussicht auf den Hafen und die vorgelagerten Inseln. Hier werden gute Fischgerichte zubereitet. *Sjøgata 25 | Tel. 75 54 70 99 | espen. moe@rica.no | €€€*

LØVOLDS KAFETERIA

Gute norwegische Gerichte zu günstigen Preisen. Das Restaurant setzt auf arktische Zutaten. *Tollbugata 9 | Tel. 75 52 02 61 | €*

■ EINKAUFEN ■

Weil es in Bodø immer windig und manchmal eben auch ziemlich kalt ist, hat man gleich eine ganze Einkaufsstraße mit Glas überdacht. Im *Glashuset* mitten im Zentrum findet man alles.

Andenken, Schmuck und nützliche Gegenstände aus Steinarten, die zum großen Teil in der Umgebung abgebaut werden, gibt es im *Bertnes Geo-Senter (Fenesvei 4 | ca. 8 km östlich von Bodø | Mo–Fr 9–18, Sa 9–16, So 12–19 Uhr).*

■ ÜBERNACHTEN ■

Es lohnt sich, vor der Wahl der Übernachtung bei der Touristeninformation reinzuschauen. Dort gibt es eine tägliche Übersicht über preisgünstige freie Zimmer.

SALTSTRAUMEN HOTEL & CAMPING ♫

35 km von Bodø entfernt an der Straße 17 liegt dieses idyllische Hotel inmitten phantastischer Natur, direkt am Gezeitenstrom Saltstraumen. Hier gibt es gemütliche Hütten und

> UNENDLICHE KÜSTE

Hurtigruten: ein Zauberwort für ganz Norwegen

Seit 1893 pendeln die Schiffe von *Hurtigruten* zwischen Bergen und Kirkenes. Elf Tage und damit auch elf Schiffe sind für die 4600 km lange Hin- und Rückfahrt nötig, 34 Häfen werden angelaufen. Die Route verläuft zumeist in ruhigem Fahrwasser zwischen den Schären und Inseln hindurch. *Hurtigruten* ist bei Touristen vor allem als Rundreise von April bis Oktober beliebt, doch zu jeder Jahreszeit lässt sich die norwegische Küste vom Wasser aus entdecken. Es lohnt sich, auf die Nebensaison auszuweichen, denn immerhin kostet die Rundreise inklusive Anreise mit Flugzeug oder Fähre/Bahn ab Hamburg im Sommer 1500 bis 3000 Euro. *Informationen und Buchung: Norwegische Schiffahrtsagentur | Kleine Johannisstr. 10 | 20457 Hamburg | Tel. 040/ 37 69 30 | Fax 36 41 77 | www. hurtigruten.de*

gute norwegische Küche. Wellness: Sauna und Badezuber befinden sich im Freien. *52 Zi. | Knaplund | Saltstraumen | Tel. 75 50 65 60 | www. isaltstraumen.no | €€*

men gefangen *(Infos: Tuvsjyen AS | Tel. 75 58 77 91 | www.tuvsjyen. com)*. Bootsgröße, Fahrtdauer und Preis variieren je nach Anzahl der Teilnehmer.

Berge, Inseln, Meer und Licht: Schiffsreise entlang der Küste von Nordland

SKAGEN HOTEL

Ein geschmackvoll eingerichtetes und trotz seiner zentralen Lage sehr ruhiges Haus. *70 Zi. | Nyholmsgata 11 | Tel. 75 51 91 00 | Fax 75 51 91 01 | www.skagen-hotel.no | €€€*

▮ FREIZEIT & SPORT ▮

Angeln können Sie hier überall: im Fjord und im offenen Meer, vom Ufer oder vom Boot aus.

Rekordverdächtige Seelachse, Dorsche und sogar Heilbutte werden bei den *Kutterfahrten im Saltstrau-*

Spannend ist eine *Seeadlersafari* am Vormittag nach *Landego,* die mit einem herzhaften Lunch abgeschlossen wird (Auskünfte nur bei der Turistinformasjon).

▮ AUSKUNFT ▮

Turistinformasjon | Sentrumsterminalen | Tel. 75 54 80 00 | Fax 75 54 80 01 | www.bodoe.com

▮ ZIELE IN DER UMGEBUNG ▮

KJERRINGØY ⭐   [130 C4]
Traditionsreicher Handelsplatz mit 15 Gebäuden aus dem 19. Jh. in einer

traumhaft schönen Küstenlandschaft. Hier bekommen Sie einen guten Eindruck vom Alltag der Herrschaften und Dienerschaft in einem typischen nordnorwegischen Handelsort in alter Zeit – und Sie werden in die Handlungen vieler Romane von Knut Hamsun versetzt. *Ende Mai–Ende Aug. tgl. 11–17 Uhr | Eintritt 80 NOK (inkl. Führung) | www.salten museum.no | 38 km nördlich von Bodø an der Straße 834*

RØST UND VÆRØY [130 A4]

Mit den 35-Sitzern der Fluggesellschaft Widerøe oder per Fähre ab Bodø gelangt man zu diesen Vogelinseln. Die rund 1400 Einwohner beider Inselgruppen leben vom Fisch. Der ewige Wind, milde Winter und kühle Sommer sind die perfekten Voraussetzungen für die Herstellung von Stockfisch, der nach Südeuropa exportiert wird. Die Klippen auf der Südwestseite der Inseln beherbergen riesige Seevögelkolonien. Allein an den Felsen von Røst nistet ein Viertel des norwegischen Seevogelbestandes, das sind rund 2,5 Mio. Vögel: Papageitaucher, Möwen, Kormorane, Seeadler. Über Bootstouren zu den Vogelfelsen informieren die Verkehrsämter auf den Inseln. *Røst liegt 100 km vor Bodø (mit der Fähre knapp 7 Std.), Værøy 85 km (mit der Fähre 4,5 Std.)*

SALTSTRAUMEN ⭐ [130 B4]

Der härteste Gezeitenstrom des Landes ist selbst aus der Distanz ein schaurig-schönes Erlebnis. Innerhalb von sechs Stunden werden enorme Wassermassen mit fast 40 km/h durch den 3 km langen und nur 150 m breiten Sund gepresst. Angler schätzen andere Qualitäten an diesem Fjordeinlauf: Hier werden die größten Seelachse in Europa gefangen, der Weltrekord liegt bei 22,7 kg.

Der Saltstraumen, Norwegens gewaltigster Gezeitenstrom

Wer die Kräfte der Strömung hautnah erleben möchte, kann sich zu einer Raftingtour anmelden *(Saltstraumen Naturopplevelser | Tel. 99 42 76 06 | info@saltstraumen-adventure.com). 33 km östlich von Bodø*

Insider Tipp

SULITJELMA [130 C4]

Umgeben von drohenden Bergen und Gletschermassiven liegt am Ende der Straße 830 der kleine ehemalige Bergwerksort Sulitjelma, in dem von 1887 bis 1991 Kupfer abgebaut wurde. Der Höhenunterschied in den Stollen beträgt mehr als 1200 m, die *Grubenbahn (Ende Juni–Mitte Aug. tgl. 11–17 Uhr | 125 NOK)* fährt allerdings nur 1,5 km ins Innere des Bergmassivs. Das 1 km entfernte *Bergwerksmuseum (im Sommer tgl. 11–17 Uhr, sonst Mo–Fr 10–15 Uhr | Eintritt 30 NOK)* zeigt einen Querschnitt durch 100 Jahre Bergbau. *www.saltenmuseum.no | 106 km östlich von Bodø*

SVARTISEN ⭐ [130 B5]

Norwegens zweitgrößtem Gletscher kommen Sie von der Seeseite aus sehr nah. Besonders die weit ans Ufer ragende Gletscherzunge *Engabreen* ist ein beliebtes Reiseziel. Vom Dorf *Holand* (170 km ab Bodø) an der Straße 17 fahren im Sommer täglich kleine Schiffe zum Eis hinüber, den letzten Kilometer bis zum ☀ Café *Svartispaviljonen* mit Blick über den mächtigen Hauptgletscher bewältigen die Besucher zu Fuß oder mit dem Bus. Wer möchte, kann von dort noch einmal 2 km bis ans Eis heranwandern *(Gletscherwanderungen Mai–Okt. | Info und Buchungen bei Svartisen Turistsenter | Tel. 75 75 11 00 | 800 NOK für 4,5 Std.). www.svartisen.no*

TRÆNA [130 A5]

Insider Tipp

Es gibt gute Gründe, Nordnorwegens kleinster Gemeinde (464 Ew.) einen Besuch abzustatten. Nur drei der rund 1000 Inseln und Holme auf dem Polarkreis sind bewohnt, die Menschen hier sind mit dem Meer verwachsen. Sie sind Fischer oder arbeiten in der Lachszucht – und sie freuen sich über jeden Besucher. Selbst Hobbyangler werden in den Fischgründen zwischen den Inseln viel fangen, und die riesige Papageitaucherkolonie auf der Insel *Lovund* ist ein faszinierendes Schauspiel. Auf *Husøy* liegen die Fischerhütten von *Træna Rorbuferie (Tel. 75 09 53 80 | Fax 75 09 51 11 | www.rorbuferie. com | €). www.trana.kommune.no | 140 km von Bodø | Expressschiff ab Bodø oder Sandnessjøen/Nesna/ Stokkvågen (gleiches Schiff)*

NARVIK

[131 D3] **In Narvik (18 500 Ew.) fanden einige der härtesten Kämpfe des Zweiten Weltkriegs statt.** Der Grund dafür war die wirtschaftlich-strategische Bedeutung des Hafens, in dem auch heute noch das Eisenerz aus den Gruben im schwedischen Kiruna verladen wird. Die riesigen Verladekais sind der erste und beherrschende Eindruck von einer Stadt, die vor allem in einer herrlichen Umgebung liegt.

▆ SEHENSWERTES

FJELLHEISEN (SEILBAHN) ☀

Wenn Sie lieber in der Stadt bleiben und trotzdem eine schöne Aussicht genießen wollen, ist die Seilbahn *(fjellheisen)* zu empfehlen, die Sie innerhalb von sieben Minuten in 656 m Höhe bringt. Bei blauem Himmel bilden Fjord und Fjell und manchmal auch die Mitternachtssonne eine atemberaubende Szenerie. *Im Sommer tgl. 12–1 Uhr*

NORDLAND RØDE KORS KRIGSMINNEMUSEUM

Die Kämpfe um Narvik und das Eisenerz sowie die Zerstörung Narviks im Zweiten Weltkrieg werden in diesem Museum thematisiert. Die Ausstellung ist sehenswert und gibt Anlass zum Nachdenken. *Im Sommer Mo–Sa 10–21, So 12–18 Uhr | Eintritt 50 NOK | direkt am Marktplatz | www.warmuseum.no*

>LOW BUDGET

> Beim „Inselhüpfen mit dem Fahrrad" entdeckt man Insel- und Schärenparadiese an Helgelands Küste und kommt Kultur und Bewohnern näher. Fahrradverleih, Routenvorschläge und Karten gibt's bei den Touristeninformationen. *125 NOK pro Tag (inkl. Helm) | Tel. 75 01 80 00 | www.visithelgeland.com*

> Lebensmittel direkt vom Bauern, Übernachtung in wilder Natur, Kultur und Aktivitäten zuhauf hat der *Fjellhof Furuheim Gård* im Susendal. *Übernachtung 300 NOK pro Person, Frühstück/Abendbrot je 50 NOK | Hattfjelldal | Tel. 75 18 56 23 | www.furuheimgaard.no*

> Gesundes genießen: Beim *Helgeland Matfestival,* dem größten ökologischen Festival Norwegens, wird kulinarisch Ungewöhnliches und Traditionelles probiert und geschlemmt! Dazu gibt's gute Unterhaltung, Musik und Kochwettbewerbe. *17.–19. Aug. | Eintritt 40 NOK | Mosjøen | www.helgelandmatfestival.no*

OFOTBAHN

Die Ofotbahn, eine der abenteuerlichsten Eisenbahnstrecken in Europa, bietet unvergessliche Eindrücke von der Natur zwischen Fjorden und arktischen Hochebenen, aber auch von den Anstrengungen, die Wanderarbeiter beim Bau der Bahn zu Beginn des 20. Jhs. auf sich nehmen mussten. *Ausflüge (tgl. 11 bis 13.20 Uhr) bis zur schwedischen Grenze 160 NOK | Tickets am NSB-Fahrkartenschalter | Fahrplan Tel. 76 92 31 21 und 76 92 31 64*

ESSEN & TRINKEN
ROYAL BLUE

Unter den nordnorwegischen Spezialitäten des Edelrestaurants im Grand Royal Hotel ist der frische Saibling besonders schmackhaft. *Kongsgate 64 | Tel. 76 97 70 00 | info.q.royal@choice.no | €€€*

ÜBERNACHTEN
NORDSTJERNEN HOTELL

Preisgünstiges Hotel in Familienbesitz an Narviks Hauptstraße. Der Standard ist einfach. Im Winter kommen viele junge Skisportler hierher – Ruhesuchenden ist das Haus daher nur im Sommer zu empfehlen. *25 Zi. | Kongens gate 26 | Tel. 76 94 41 20 | Fax 76 94 75 06 | www.nordstjernen.no | €*

NORUMGÅRDEN BED & BREAKFAST

Prachtvolle Holzvilla in einem Wohnviertel etwas abseits der Stadtmitte, mit antiquarisch eingerichteten und hübsch dekorierten Zimmern. *4 Zi. | Framnesvei 127 | Tel. 76 94 48 57 | http://norumgaarden.narviknett.no | €*

FREIZEIT & SPORT

Alpinsport zwischen Fjord und Fjell kommt an: In Narvik werden sogar alpine Weltcuprennen ausgetragen. Bis weit in den Mai hinein sind Seilbahnen und Lifte in Betrieb. Mit dem Skizentrum mitten in der Stadt sind die Wege von der Unterkunft bis zur Abfahrt kurz. Unter Snowboardern gilt Narvik mit Neuschnee als erstklassige Adresse.

brachte viele Jahre seines Lebens auf der Halbinsel Hamarøy. Die Gemeinde ist flächenmäßig so groß wie Berlin und liegt in einer Bilderbuch-Küstenlandschaft mit bizarren Gipfeln.

Es gibt hier zwei sehr schöne Galerien und ein extravagantes Nachtquartier: In einem Zimmer am Leuchtturm *Tranøy fyr (13 Zi. | Tel. 91 32 80 13 | www.tranoyfyr.no | €€)*

Die Mitternachtssonne ist auch am Himmel über Nordland ein phänomenales Ereignis

AUSKUNFT

Turistinformasjon | Destination Narvik | Kongens gate 57 | Tel. 76 96 56 00 | Fax 76 96 56 09 | www.destinationnarvik.com

ZIEL IN DER UMGEBUNG

HAMARØY   [130 C3]

„Der Himmel war überall offen und rein, und ich starrte in dieses klare Meer." Knut Hamsun, aus dessen Werk *Pan* dieser Satz stammt, ver-

schlafen Sie mit Salzgeschmack auf den Lippen und Möwenkreischen im Ohr ein. Das *Elternhaus von Knut Hamsun* steht im Ortsteil Hamsund, es kann besichtigt werden *(Salten Museum – Knut Hamsuns Barndomshjem | 17. Juni–19. Aug. tgl. 11 bis 18 Uhr | www.saltenmuseum.no).*

Für Angelfreunde gibt es hier überall die Möglichkeit, einen ordentlichen Dorsch zu fangen. *100 km südlich von Narvik*

> ALPENGIPFEL UND MEERESTIEFEN

Die Fischerei ist noch immer wichtig, doch vor allem der Tourismus hält die Inselgruppe im Norden vital

> **Schon die Anreise ist ein Erlebnis. Egal, ob Sie mit der Fähre oder dem Flugzeug vom Festland hinüberkommen: Die mächtige Lofotwand fällt ins Auge – eine unendliche Reihe von zinnenartigen Gipfeln, die sich aus dem Vestfjord erheben.**

Dazwischen haben zahlreiche Fischerdörfer ihren Platz gefunden, dahinter verbergen sich Ackerland, Kleinstädte und historische Fundgruben. Auf der Westseite des riesigen Vestfjords zieht sich auf gut 150 km Länge die Inselgruppe der Lofoten nach Norden. Vom Festland fährt die *Autofähre* von Bodø nach Moskenes *(ca. 3,5 Std.)* oder von Skutvik nach Svolvær *(2 Std.)*. Mit dem *Katamaran (Abfahrt Mo–Do, Sa 17.15, Fr 18, So 20 Uhr | ca. 3 Std. | keine Autos! |* www.hurtigruten.com) gelangt man von Bodø nach Svolvær. Der „Landweg" über viele Brücken und eine kurze Fähre ist die Europastraße 10 von Narvik aus bis hinunter

> *www.marcopolo.de/norwegen*

LOFOTEN

nach Å, dem südlichsten Punkt der Inselgruppe gleich neben dem Fähranleger Moskenes – eine Autofahrt über alle Hauptinseln der Lofoten.

Wer auf die Lofoten kommt, sollte einmal in einer *rorbu* übernachten. Fast 1000 Jahre waren diese auf Pfählen im Wasser ruhenden Häuser das Quartier der Fischer während der Fangzeit. Auch die modernen Varianten sind robust und von Wellen und Seetang umspült, aber von ganz anderer Ausstattung (Vermittlung bei Destination Lofoten in Svolvær).

LEKNES

[130 B3] Wie alle größeren Orte auf den Lofoten ist Leknes nicht besonders hübsch. Es ist Zentrum der Insel und Gemeinde Vestvågøy und ein wichtiger Flugplatz. Die Nachkriegsarchitektur ist ohne Charme, doch die Umgebung des Städtchens hat es in sich.

REINE

Nusfjord, ein Lofotenhafen wie aus dem Bilderbuch

■ SEHENSWERTES

LOFOTRMUSEUM IN BORG

Nördlich von Leknes steht dieses Museum, eine imponierende Rekonstruktion des größten jemals gefundenen Hauses aus der Wikingerzeit (83 m lang). In der Gildenhalle des Hauses wurden politische und religiöse Versammlungen der Wikinger abgehalten. *Juni–Aug. tgl. 10–19 Uhr, sonst kürzer | Eintritt 100 NOK | www.lofotr.no*

■ ESSEN & TRINKEN

SKJÆRBRYGGA

Hervorragende Fischgerichte, direkt am Kai in Stamsund, 15 km östlich von Leknes. *Tel. 76 05 46 00 | www. skjaerbrygga.no | €€*

■ ÜBERNACHTEN

STORFJORD CAMPING OG HYTTER

In traumhaft schöner Lage am Vestfjord. In Steine, rund 20 km östlich von Leknes (Abzweigung von der Straße 817 bei Storfjord). *10 Hütten | Tel. 76 08 68 04 | Fax 76 08 92 83 | post@storfjordcamping.no | €*

■ AUSKUNFT

Destination Lofoten | Torget 21 | Svolvær | Tel. 76 06 98 00 | www. lofoten.info

REINE

[130 B3] ☆ Reine ist buchstäblich malerisch. In den Hauptort der südlichsten Lofoteninsel Moskenes kommen von jeher Landschaftsmaler und Fotografen, um die Kontraste zwischen den fast spitzen Berggipfeln, den hübschen Fischerdörfern und dem klaren Wasser einzufangen. Von März bis in den Herbst hinein riecht es hier nach Fisch, der auf den für die Lofoten typischen Stativen getrocknet wird. In der Umgebung liegen einige der schönsten Aussichtspunkte und Fischerdörfer auf den Lofoten.

■ SEHENSWERTES

FLAKSTAD KIRKE ★

Rund 30 km nördlich von Reine liegt an der E 10 kurz vor Ramberg die rot angestrichene, nur aus angespülter Schiffsladung gebaute Blockhauskirche. Sie ist auch aufgrund ihrer Lage eines der eindrucksvollsten Gotteshäuser in Skandinavien.

LOFOTEN TØRRFISKMUSEUM

Insider Tip

Å ist ein bewohntes Museumsdorf. Die Trockenfischproduktion hat auf den Lofoten eine lange Geschichte, die hier in den Gebäuden eines traditionellen Fischbetriebs veranschaulicht wird. *Ende Juni–Ende Aug. tgl. 11–17 Uhr, sonst auf Anfrage | Eintritt 40 NOK | am Endpunkt der E 10*

MOSKENESSTRAUMEN

Die Meerenge liegt zwischen der Südspitze der Lofoten, Lofotodden, und der Insel Værøy. Im Sommer gibt es geführte Wanderungen zu dem sagenumwobenen, dank Edgar Allan Poe berühmten Mahlstrom.

NUSFJORD

Das kleine Fischerdorf am Vestfjord gehört seit 1975 zum Unesco-Welterbe. Die meisten Rorbuer stammen aus dem 19. Jh., wurden restauriert und in Ferienquartiere verwandelt. *http://nusfjord.com | auf der E 10 südwärts hinter Kilan links abbiegen*

SAKRISØY

Die ockerfarbenen Hütten dieser Fischersiedlung sind über 100 Jahre alt und bilden einen phantastischen Kontrast zu den Bergen der Umgebung. Übernachtung: *Tel. 76 09 21 43 | sa krisoy@lofoteninfo.no (€€). 3,5 km nördlich von Reine an der E 10*

■ ESSEN & TRINKEN

RAMBERG GJESTEGÅRD

Hier gibt es Lammfleisch von den Lofoten, Walfleisch, Fischgerichte und einen feinen Sandstrand (auch 10 Wohneinheiten). *Tel. 76 09 35 00 | Fax 76 09 31 40 | www.ramberggjestegard.no | €€*

■ ÜBERNACHTEN

HAMNØY RORBUER

10 Rorbuer, 5 km nördlich von Reine am Hafen in Hamnøy. Einfach, aber behaglich eingerichtet. *Tel. 76 09 23 20 | Fax 76 09 21 54 | www.datadesign.ws/hamnoy | €*

MAREN ANNA

Der Gasthof in Sørvågen liegt direkt am Wasser, die Zimmer mit Aussicht sind gemütlich und hell, Spezialität des Restaurants (€€) ist in Zitrone gebratener Seelachs. *12 Zi. | Tel. 76 09 20 50 | Fax 76 09 20 51 | www.lofoten-info.no/marenanna | €*

■ FREIZEIT & SPORT

Fast alle Übernachtungsquartiere vermieten Fahrräder und natürlich auch Boote. Angeln kann man vom Boot oder vom Ufer aus.

■ AUSKUNFT

Turistkontoret Flakstad und Moskenes | Fähranleger Moskenes | Tel. 76 09 15 99 | Fax 76 09 24 25 | tourff@lofoten-info.no

SVOLVÆR

[130 B3] Unterhalb des wegen seiner beiden hornähnlichen Gipfel Svolværgeita

MARCO POLO HIGHLIGHTS

⭐ **Flakstad Kirke**
Die leuchtend rote Kirche ist das schönste Gotteshaus auf den Lofoten (Seite 80)

⭐ **Trollfjord**
Ein zauberhafter Fjordarm – und so schmal, dass große Schiffe kaum wenden können (Seite 82)

(Svolvær-Ziege) genannten Berges liegt die Hauptstadt der Lofoten (4100 Ew.). Svolværs Geschichte und Bedeutung ist eng mit der Lofotenfischerei verknüpft, die jedes Jahr zwischen Februar und April Tausende von Fischerbooten auf den Vestfjord lockt. Der ist um diese Zeit Laichplatz für riesige Schwärme gut genährten Kabeljaus. Nach dem Wert der hier angelandeten Dorsche, Heringe und Zuchtlachse gehört Svolvær zu den wichtigsten Fischereihäfen in Nordnorwegen. Sichtbarer Beweis sind die Trockenfischgestelle, die auch auf den Holmen, kleinen Inseln, um den Ortskern herum stehen.

>LOW BUDGET

> Die Hütte *Munkebu* liegt in 450 m Höhe im Hochland Djupfjordheia, unweit von Sørvågen (2 Std.), *Selfjordhytta* am malerischen Selfjord bei Flakstad. Bettzeug und Lebensmittel erforderlich, viele Wandermöglichkeiten. *Jeweils 15 Betten | 200 NOK pro Person, 100 NOK mit Ausweis des Wandervereins DNT (Jahresbeitrag 300 NOK | www.turistforeningen.no) | www.lofoten-turlag.no*

> *Vikingmarked:* Die Wikingertage im Wikingerzentrum Borg bieten Handwerk, Spiele, Vorträge, Musik und Aktivitäten wie vor 1000 Jahren. Eintritt frei! 8.–12. Aug. | *www.lofotr.no*

> Die wilden Lofoten mit dem Fahrrad entdecken! Verleih, Kartenmaterial und Tourvorschläge im Sommer bei *Svolvær Lofoten Sykkelutleie*, bei *Skjærbrygga* in Stamsund oder *Holmen* in Sørvågen. *Ab 200 NOK pro Tag | www.lofoten-aktiv.no*

■ SEHENSWERTES ■

LOFOTMUSEET

Auf den Resten von Vågar, Nordnorwegens einziger Stadt im Mittelalter, entstand das Regionalmuseum. Das Hauptgebäude ist ein Kaufmannshof von 1815, in den anderen Häusern steht der Alltag der einfachen Leute im Mittelpunkt. Fang- und Frachtboote sowie Fischereigeräte bilden das Gros der Ausstellungsstücke. Der 2 km lange Pfad „Die erste Stadt im Norden" führt zu sieben Kulturdenkmälern. *Im Sommer tgl. 9–18 Uhr, sonst kürzer | Eintritt 50 NOK | Ortsteil Storvågan | www.lofotmuseet.no*

OCEAN SOUNDS

Inside Tipp

Die perfekte Symbiose aus Wissenschaft, Ökologie und Erlebnis ist dieses Forschungszentrum in Henningsvær: Hier können Besucher den Forschern nicht nur über die Schulter schauen, sondern sie auch aufs Meer begleiten. Schon die Multimediaprogramme zum Schwertwal, Dorsch und zu den Lofoten, die Foto- und Kunstausstellungen sind den Besuch wert. *Juni–Aug. tgl. 10–20 Uhr | Eintritt frei | Hellandsgata 63 | www.ocean-sounds.com*

TROLLFJORD ★

In dem extrem schmalen Nebenarm des Raftsunds müssen größere Ausflugsschiffe auf engstem Raum umdrehen. Derweil bestaunen die Passagiere die senkrecht in den Himmel ragenden Felsufer und das faszinierende Lichtspiel auf dem Wasser. Von Juni bis August gibt es täglich mehrere *Ausflugsfahrten (2,5–4 Std. | Tickets bei Destination Lofoten)* in den Fjord.

LOFOTEN

Das Trocknen der Fische an der frischen Luft hat auf den Lofoten Tradition

ESSEN & TRINKEN

BØRSEN SPISERI/SVINØYA RORBUER

Das rundum maritime Restaurant *Børsen Spiseri* (Vorbestellung ratsam) gehört zu den 30 für 2–6 Personen eingerichteten Rorbuer. *Tel. 76 06 99 30 | Fax 76 07 48 98 | www.svinoya.no | €€*

ÜBERNACHTEN

RICA HOTEL SVOLVÆR 🔊

Auf einem Holm im Hafen liegt wunderschön in die Landschaft eingebettet dieses moderne Hotel. *147 Zi. | Tel. 76 07 22 22 | Fax 76 07 20 01 | www.rica-lofoten.no | €€€*

SVOLVÆR SJØHUSCAMPING

Rustikal maritim und dabei warm ist die Atmosphäre in dem Haus auf dem Kai, nur wenige Minuten von der Ortsmitte entfernt. 2- und 4-Bett-Zimmer sowie eine Wohnung werden vermietet. *13 Zi. | Parkgata 12 | Tel. 76 07 03 36 | Fax 76 07 64 63 | www.svolver-sjohuscamp.no | €–€€*

FREIZEIT & SPORT

ANGELN

Bei den *Weltmeisterschaften im Dorschangeln* Ende März vor Svolvær darf jeder mitmachen. Im Sommer fahren täglich Kutter und kleinere Ausflugsschiffe mit Hobbyanglern aufs Meer hinaus. *Info: Destination Lofoten*

Insider Tipp

RAFTING

Vom Schlauchboot aus die Lofoten entdecken – selbst bei schönem Wetter ohne Wellen ein Erlebnis, denn die Strömungen und die Aussicht sorgen für Spannung. Im Sommer gibt es feste Abfahrten vom Marktplatz (Torget), Schwertwalsafaris. *Okt. bis Jan. | ab 350 NOK | Lofoten Seafari | Tel. 41 47 00 00 | post@lofoten-seafari.no*

Insider Tipp

AUSKUNFT

Destination Lofoten | Torvet | Tel. 76 06 98 00 | Fax 76 07 30 01 | www.lofoten.info

> KALTE KÜSTEN UND GRÜNE INSELN
Die Weite des Nordens von Tromsø bis nach Svalbard

> Willkommen im arktischen Europa. Immer tiefer liegt nun die Baumgrenze, immer kahlere Bergmassive recken sich aus der See.

Zu Füßen der Berge liegen landschaftliche Perlen: auf den Inseln weit draußen Sandstrände, auf ihrer Leeseite uralte Fischerdörfer, im Binnenland fischreiche Flüsse und weite Täler. Dort kann man das stabile Sommerwetter nur mit Mückennetz genießen.

Bild: Tromsø

SVALBARD (SPITZ-BERGEN)

[128 A–B 1–2] ★ Von Eis bedeckte Berge, an deren Hängen Gletscher bis ins Meer hineinragen, Hochtäler, die nur im Westen und im Hochsommer schneefrei sind: Svalbard, das „Land der kalten Küsten", ist dennoch keine Eiswüste.

TROMS

Dank eines Seitenarms des Golfstroms wird es auf der Westseite von Spitsbergen, der bewohnten Hauptinsel von Svalbard, nie richtig kalt: im Sommer durchschnittlich 6 Grad, im Winter minus 12 Grad. Versüßt wird der Sommer durch die Mitternachtssonne: In der Zeit vom 19. April bis zum 22. August wird es nicht dunkel.

Rund 3700 Menschen wohnen auf Svalbard, etwa ein Drittel davon in Longyearbyen oder den kleineren Siedlungen. Der Tourismus lebt von der arktischen Natur und der Geschichte der Inselgruppe als Wal- und Seehundfangstation. Große Flächen stehen unter Naturschutz, und Outdooraktivitäten sind strengen Regeln unterworfen. Denn das „Land der spitzen Berge", wie sein Entdecker Willem Barents es im Jahr 1596 benannte, verträgt keinen Massentourismus.

◾ ESSEN & TRINKEN ◾

FRUENE KAFFE & VINBAR

Frische Backwaren, Lunchgerichte und diverse Kaffeevarianten. *Lompensenteret | Tel. 79 02 76 40 | €€*

Kaminstimmung in einer der vielen gemütlichen Kneipen in Tromsø

◾ ÜBERNACHTEN ◾

SPITSBERGEN HOTEL 🌿 📶

Wo früher die Angestellten der Steinkohlenkompanie wohnten, können die Gäste sich heute in gemütlicher Atmosphäre wunderbar entspannen. *88 Zi. | Tel. 79 02 62 00 | Fax 79 02 62 01 | www.spitsbergentravel. no | €€€*

◾ AUSKUNFT ◾

Svalbard Reiseliv | Longyearbyen | Tel. 79 02 55 50 | Fax 79 02 55 51 | www.svalbard.net

TROMSØ

[132 A3] ⭐ **Der nördlichsten Universitätsstadt der Welt mangelt es nicht an Superlativen: Tromsø ist mit 2558 km² die flächenmäßig größte Stadt Norwegens, die bevölkerungsreichste Stadt nördlich des Polarkreises (63 500 Ew.) und, wegen der Universität, die Stadt mit dem niedrigsten Durchschnittsalter.** Und es gibt im Verhältnis zur Einwohnerzahl nirgends so viele Hotels, Restaurants und Kneipen wie im „Paris des Nordens". Es kann vorkommen, dass der Schnee bis Ende Mai liegen bleibt, wenn sich bereits die Mitternachtssonne zeigt, die hier vom 23. Mai bis zum 23. Juli scheint. Grund genug für die Menschen, die Stühle nach draußen zu stellen und auch spät am Abend noch unter freiem Himmel zu sitzen – zur Not warm eingepackt.

◾ SEHENSWERTES ◾

FJELLHEISEN (SEILBAHN) 🌿

Die Fahrt hinauf zum Aussichtsberg *Storsteinen* (421 m) ist an einem späten Sommerabend besonders zu empfehlen. Ein erfrischendes Getränk unter der Mitternachtssonne – hier ist es möglich. *20. Mai–20. Aug. tgl. 10 bis 1 Uhr | Seilbahn 85 NOK*

ISHAVSKATEDRALEN

Eigentlich heißt die Kirche Tromsdalen Kirke. Aber schon kurz nach ihrer Einweihung 1965 wurde sie zur „Eismeerkathedrale", denn die großen, hellen Felder und die Dreiecksform erlauben Assoziationen mit einem Eisberg. Imponierend ist auch das von dem norwegischen Künstler Victor Sparre geschaffene riesige Glasmosaik auf der Ostwand. *Im Sommer*

Mo–Sa 9–19, So 13–19 Uhr; sonst tgl. 16–18 Uhr | Eintritt 22 NOK | www.ishavskatedralen.no

MACKS ØLBRYGGERI

Beim Besuch der nördlichsten Brauerei der Welt wird in der Bierhalle auch ein halber Liter nach Wahl ausgegeben. *Führungen Mo–Do 13 und 15.30 Uhr | Eintritt 110 NOK | Grønnegata 81 | www.mack.no*

POLARMUSEET

Norwegens polare Geschichte, Eismeerfang und Expeditionen sind die Themen im Polarmuseum, das mitten im „alten" Tromsø liegt. *Im Sommer tgl. 10–19 Uhr, sonst kürzer | Eintritt 50 NOK | www.polarmuseum.no*

TROMSØ BRU (STADTBRÜCKE) ☀

Über den Tromsøsund, der den Stadtteil Tromsdalen mit dem Zentrum verbindet, führt die 43 m hohe Tromsø-Brücke. Ein Spaziergang hinüber gehört zum Stadtbesuch, denn der Ausblick ist phantastisch.

▉ ESSEN & TRINKEN ▉

ALLEGRO

Pasta- und Pizzarestaurant im Stadtteil Tromsdalen zwischen Eismeerkathedrale und Seilbahn. *Turistveien 19 | Tel. 77 68 80 71 | €*

VERTSHUSET SKARVEN ▶▶

Insider Tipp

Fünf Orte zum Entspannen, Probieren und Genießen: die Cocktailbar im Keller, die Kneipe *Kroa (€)* im Erdgeschoss mit kleiner Karte (*bacalhau* und Fischtopf), das Steakrestaurant *Biffhuset (€€)* im 1. Stock, gleich darüber das edle Fischrestaurant *Arctandria (€€€)* und schließlich das „Kulinarische Theater", in dem die Gäste bei der Vorbereitung der Gerichte mitmischen dürfen. *Strandtorget | Tel. 77 60 07 20 | www.skarven.no*

▉ EINKAUFEN ▉

In den kunstvollen Produkten von *Blåst (Peder Hansensgate 4 | www.blaast.no | Di–Fr 10–17, Sa 10–15 Uhr),* der nördlichsten Glasbläserei der Welt, kommt das Licht des Nordens gut zur Geltung.

▉ ÜBERNACHTEN ▉

HOTELL NORD

Kleines und einfaches Hotel, ruhig gelegen. *22 Zi. | Parkgata 4 | Tel. 77 66 83 00 | Fax 77 66 83 20 | www.hotellnord.no | €*

RICA ISHAVSHOTEL ⌇

Wegen seiner Lage und der Schiffsform nicht zu übersehen. *180 Zi. | Frederik Langesgate 2 (am Sund) |*

MARCO POLO HIGHLIGHTS

⭐ **Svalbard (Spitzbergen)**
Norwegens arktischer Vorposten (Seite 84)

⭐ **Lyngsalpen**
Kletterparadies unter der Mitternachtssonne (Seite 88)

⭐ **Tromsø**
Im Sommer geht hier keiner gern ins Bett (Seite 86)

⭐ **Andenes**
Sandstrände, Nordmeer und riesige Pottwale (Seite 89)

Tel. 77 66 64 00 | Fax 77 66 64 44 |
www.rica.no | €€€

▌ AUSKUNFT ▐

*Destinasjon Tromsø | Kirkegata 2 |
Tel. 77 61 00 00 | Fax 77 61 00 10 |
www.destinasjontromso.no*

▌ ZIELE IN DER UMGEBUNG ▐

LYNGSALPEN ⭐ [132 A–B3]

Die zerklüfteten Gebirgsformationen
auf der Westseite des Lyngenfjords
mit ihren teils von Gletschern be-
deckten und bis zu 1800 m hohen
Gipfeln sind ein begehrtes Reiseziel
professioneller Bergsteiger. Nehmen
Sie die Straßen E 8 und 91 rund
60 km nach Osten und die *Fähre von
Breivikeidet nach Svensby (20 Min.),*
und fahren Sie dann noch 20 km bis
Lyngseidet. Von der Fähre, die von
dort in 40 Minuten nach *Olderdalen*
übersetzt, öffnet sich der Blick auf
das ganze arktische Alpenpanorama.

Insider Tipp **SOMMARØY** UND KVALØYA [132 A3]

Endpunkt einer gut einstündigen
Fahrt durch fruchtbare Agrargebiete
nach Westen (Straße 862). Glasklares
Meer, weiße Strände und blühende
Vorgärten bilden schöne farbliche
Kontraste. Hierher fahren viele Trom-
søer an Sonnentagen – aus gutem
Grund! *80 km westlich von Tromsø*

VESTERÅLEN

**[130 B–C 1–2] Die Inselgruppe der Ves-
terålen, die sich im Norden an die Lofoten
anschließt, gehört teilweise zu Nordland,
sollte aber von Norden her erkundet werden.** Das ist beispielsweise möglich
mit der kleinen *Fähre (Juni–Aug. tgl.
3 Abfahrten)* von *Gryllefjord* **[131 D1]**

an der Westseite der Insel Senja hinüber nach *Andenes,* dem nördlichsten
Punkt der Inselgruppe. Eine Alternative ist die Fahrt auf der E 10 ab
Bjerkvik **[131 D2]** Richtung Vesterålen
und Lofoten. Nach 60 km geht's
nach Norden in die Stadt *Harstad*
oder weiter westwärts bis nach *Sortland.* Die Kleinstadt (4200 Ew.) ist
Verkehrsknotenpunkt auf den Vesterålen. Hier muss man sich entscheiden, ob man zur Walsafari auf die
nördliche Insel Andøya oder zum
Gebirgswandern in die nordwestlich
von Sortland gelegene Gemeinde
Øksnes am Nordmeer fährt oder mit
Hurtigruten einen Ausflug von *Stok-
marknes* durch den zauberhaften

❯ LOW BUDGET

> ❄ *Tromsø Vandrerhjem:* Auf den
  Höhen hinterm Stadtzentrum liegt
  die Jugendherberge (15 Minuten ab
  Stadtmitte). *2 Personen ab 460 NOK
  | Tel. 77 65 76 28 | Åsgårdveien 9 |
  tromsohostell@vandrerhjem.no*

> 22 Selbstversorgerhütten wie *Senja-
  bu* (3 Zi. | *35 km von Finnsnes auf
  der Insel Senja | senjaturlag.vandrer.
  no*) bieten Naturerlebnisse in der
  Fjell- und Küstenlandschaft. *Hütten
  des Wandervereins DNT/Troms Turlag
  | 200 NOK pro Person (ohne DNT-
  Ausweis) | Tel. 77 68 51 75 | www.
  turistforeningen.no/tromsturlag*

> ▶▶ Arktische Woodstock-Atmosphäre
  kommt beim *Karlsøy-Festival* auf.
  Mit Zeltplatz und Fähranbindung von
  Tromsø. An vielen Tagen freier Ein-
  tritt! *7.–12. Aug. | Festivalkarte 500
  NOK ohne/750 NOK mit Transport |
  www.karlsoyfestivalen.no*

Traumhafter, endloser Strand auf Andøya, der nördlichsten Vesterålen-Insel

Raftsund, in den Trollfjord und bis nach Svolvær macht.

SEHENSWERTES

ANDENES ⭐

Umrahmt von einer Gebirgswand und schneeweißen Stränden, dem blaugrünen Nordmeer schutzlos ausgeliefert, liegt der Hauptort der Insel Andøya. Vom *Walzentrum* aus werden gut vierstündige Ausflüge zur norwegischen Schelfkante veranstaltet, wo im Sommer bis zu 18 m lange Pottwale weiden und regelmäßig zum Fototermin auftauchen. *Ende Mai bis Mitte Sept. tgl. 9.30 und 11.30 Uhr | ab Andenes/Hafen | 765 NOK | Buchung erforderlich | Tel. 76 11 56 00 | www.whalesafari.com*

HURTIGRUTEMUSEET STOKMARKNES

Richard With, „Vater" der *Hurtigruten,* kam aus Stokmarknes. Dort hat die *MS Finnmarken* festgemacht – als Museum. *Im Sommer tgl. 10–18 Uhr | Eintritt 80 NOK | 26 km südwestlich von Sortland an der E 10 | www.hurtigrutemuseet.no*

JENNESTAD

Einer der vielen Handelsplätze an Nordnorwegens Küste, die Anfang des 20. Jhs. entstanden. *Besichtigung/Ausstellungen im Sommer Di–Fr 11 bis 17, Sa, So 12–17 Uhr | Eintritt 30 NOK | 8 km nördlich von Sortland an der Straße 820*

ÜBERNACHTEN

NORLANDIA BLEIK APPARTEMENTS

Auch auf den Vesterålen kann man überall Rorbuer mieten. Fast schon Hotelstandard haben diese Wohnungen in Bleik auf Andøya, einem der schönsten Dörfer der Vesterålen. Die Vogelinsel *Bleiksøya* liegt vor der Tür. *6 Wohnungen | Tel. 76 14 12 22 | Fax 76 14 19 33 | www.norlandia.no | €€*

Insider Tipp

AUSKUNFT

Vesterålen Reiseliv | Kjøpmannsgata 2 | Sortland | Tel. 76 11 14 80 | Fax 76 11 14 81 | www.visitvesteralen. com; Andøy Turistinformasjon | Hamnegata 1 c | Andenes | Tel. 76 14 12 03 | Fax 76 14 12 04 | www. andoyturist.no

> ARKTISCHE WEITE UNTER DEM NORDKAP

Norwegens Norden ist voller Extreme

> Eisige Winde treffen auf eisfreie Häfen, reißende Ströme münden in mächtige Fjorde, Tausende stiller Bergseen werden von Myriaden von Mücken belagert.

Das ist die Finnmark: 48 000 km² groß und umgeben von der unwirtlichen Küste des Eismeers. Das Innere des Landes wird von einer karg bewachsenen Hochebene geprägt, auf der im Winter Zehntausende von Rentieren zu überleben versuchen. Die 73 000 Einwohner der Finnmark leben in einer engen Beziehung zur Natur, die hier die verschiedensten Gesichter zeigt. Die Temperaturen schwanken zwischen 25 Grad über und 50 Grad unter null. Winterstürme schütteln die Häuser, im Sommer aalen sich die Menschen auf wunderschönen Sandstränden in der Sonne und kühlen sich dann und wann im Eismeer ab – das dann immerhin 14 Grad warm ist. Die Mitternachtssonne kann man in Alta vom 16. Mai

FINNMARK

bis zum 26. Juli, am Nordkap sogar noch ein paar Tage länger erleben.

ALTA

[132 C3] **Am Südufer des mächtigen Alta-fjords liegt Alta (18 000 Ew.), die größte Stadt der Finnmark.** Die Hochschule des Fylke ist hier angesiedelt, und es gibt einige Industriebetriebe und Steinbrüche. Aus der Finnmarks-vidda kommt der Lachsfluss Altaelva

herunter, der nach Passieren des Alta-Staudamms und des Canyons Sautso in den Altafjord mündet.

■ SEHENSWERTES ■

ALTA MUSEUM ★

1973 wurden am Westrand der Stadt 3000 Felszeichnungen entdeckt, die 2500 bis 6500 Jahre alt sind: Das *Helleristningsfelt Hjemmeluft* gehört zum Unesco-Weltkulturgut. Sehenswert ist das Alta Museum mit seinen

Wie ein Spielzeughaus steht die Mission bei Alta in der Weite

Ausstellungen zur Vorgeschichte der Finnmark. *Juni–Aug. tgl. 8–21 Uhr, sonst kürzer | Eintritt 80 NOK | www. alta.museum.no*

ESSEN & TRINKEN / ÜBERNACHTEN

GARGIA FJELLSTUE
Berggasthof mit samischen Spezialitäten wie Schneehuhn und Moltebeeren. *Im Sommer tgl. | 14 Zi., Hütten | Tel. 78 43 33 51 | Fax 78 43 33 36 | www.gargiafjellstue.no | €€*

WISLØFF CAMPING
Der mittlere der drei Campingplätze 5 km südlich von Alta ist großzügig angelegt, die Hütten sind praktisch, hell und schön. *Am Alta-Fluss | Tel./ Fax 78 43 43 03 | www.wisloeff.no | Hütten (4 Personen) €€*

FREIZEIT & SPORT

HALDDETOPPEN
Bei *Kåfjord* (20 km westlich von Alta an der E 6) beginnt die Wanderung zum Gipfel des Berges *Haldde* (904 m). 1898 entstand hier das weltweit erste Nordlichtobservatorium. Der Aufstieg erfordert Kondition, wird aber mit einer prachtvollen Aussicht über den Altafjord belohnt.

AUSKUNFT

Alta Turistinformasjon | Parksenteret | Tel. 78 44 50 50 | www.altatours.no

HAMMERFEST

[132 C2] Die nördlichste Stadt der Welt (9400 Ew.) gibt es seit 1789. Die Ereignisse des Zweiten Weltkriegs und vor allem die Politik der „verbrannten Erde" sind der Grund dafür, dass von alter Pracht im Stadtbild nichts zu sehen ist. Die Fischverarbeitung ist wichtigster Erwerbszweig, doch die nächsten Jahre werden im Zeichen der Offshore-Industrie stehen. Das Gas vom riesigen „Schneewittchen"-Feld in der Barentssee wird in der Raffinerie vor Hammerfest veredelt und als Flüssiggas in alle Welt transportiert.

SEHENSWERTES

GJENREISNINGSMUSEET
Beeindruckend wird vermittelt, wie stark Hammerfest vom Zweiten

Weltkrieg betroffen war und welche Aufbauleistung die Finnmarkinger erbrachten. *Im Sommer Mo–Fr 9–16, Sa, So 9–14 Uhr, sonst 11–14 Uhr | Eintritt 50 NOK | Kirkegata 21 | www.museumsnett.no/gjenreisnings museet*

MERIDIANSÄULE

1854 errichtetes Denkmal zur Erinnerung an die erste Vermessung der Erdkugel, die Russland, Schweden und Norwegen 1852 abgeschlossen hatten. *Im Stadtteil Fuglenes*

■ ESSEN & TRINKEN

ODD'S MAT OG VINHUS

Lokale Spezialitäten, aus besten Zutaten kreativ zubereitet. *Strandgata 24 | Tel. 78 41 37 66 | €€€*

■ ÜBERNACHTEN

HOTEL SKYTTERHUSET AS

Relativ preisgünstig, schön gelegen, der Komfort ist eher durchschnittlich. *66 Zi. | Skytterveien 24 | Tel. 78 41 15 11 | Fax 78 41 19 26 | firma post@skytterhuset.no | €€*

■ AUSKUNFT

Turistinformasjon | „Isbjørnklubben" | Sjøgata 6 | Tel. 78 41 21 85 | Fax 78 41 19 00 | www.hammerfest-turist.no

KARASJOK

[133 D3] **Die Gemeinde mitten auf der Finnmarksvidda hat zwar nur 2900 Einwohner, ist aber ein politisches Zentrum im Sameland.** Hier befinden sich das Parlament (Sametinget) und die umfangreichen Samischen Sammlungen. Der Ort liegt nur 18 km von der finnischen Grenze entfernt und ist auch deshalb ein Verkehrsknotenpunkt auf der Nordkalotte.

■ SEHENSWERTES

KARASJOK GAMLE KIRKE

Schon von weitem gut zu sehen ist die alte Kirche, die 1807 erbaut wurde und als einziges Gebäude in Karasjok den Zweiten Weltkrieg überstand. *Im Sommer tgl. 8–21 Uhr*

SAMISK KUNSTNERSENTER ▶▶

Kunsthandwerk und Malereien samischer Künstler in einem hellen und stillen Gebäude. *Mo–Fr 10–15, So 12–17 Uhr | Eintritt frei | www.samiskkunstnersenter.no*

■ ÜBERNACHTEN

ENGHOLM HUSKY & VANDRERHJEM

Umgeben von Wald, Schlittenhunden und netten Menschen, einfach. *15 Betten | Tel. 78 46 71 66 | Fax 78 46 74 76 | www.engholm.no | €*

MARCO POLO HIGHLIGHTS

★ **Alta Museum**
Uralte Felsritzungen in einem sehr gut konzipierten Museum (Seite 91)

★ **Nordkap**
Der Anblick der Mitternachtssonne, die sich zum Eismeer herunterlehnt, aber

es kaum berührt, hinterlässt einen unauslöschlichen Eindruck (Seite 94)

★ **Varanger**
Die große Halbinsel am Eismeer hat alles zu bieten, was das arktische Europa ausmacht (Seite 95)

KAUTOKEINO

■ **AUSKUNFT**

Turistinformasjon | Karasjok opple-velser | Tel. 78 46 88 10 | Fax 78 46 88 11 | www.karasjokinfo.no (vermittelt auch Bootstouren auf dem Fluss und Rentierschlittenfahrten)

KAUTOKEINO

[132 C4] **Kautokeino liegt 130 km südlich von Alta an der Straße 93. Gut 3000 Einwohner teilen sich 9704 km^2 der Finnmarksvidda.** In der Hauptstadt der Samen machen Dienstleistungen einen immer größeren Teil des Erwerbslebens aus. In Kautokeino gibt es ein Samisches Theater und eine Samische Hochschule, und zu Ostern wird im Sameland das große Volksfest gefeiert: mit Hochzeiten, Taufen, Konzerten, Theater, Langlauf, Rentierschlittenrennen und Schneescooter-WM *(www.saami-easterfestival.org)*.

■ SEHENSWERTES

JUHL'S SILVERGALLERY
Die Silberschmiede etwas außerhalb des Ortes zeigt, was Handwerk sein kann, wenn die Natur wichtigste Inspirationsquelle ist. *Im Sommer tgl. 8.30–21 Uhr, sonst 9–18 Uhr | kostenlose Führungen | www.juhls.no*

PIKEFOSSEN
45 km nördlich von Kautokeino, an der Straße 93, stürzt dieser wunderschöne Wasserfall in Richtung Alta herab (Rastplatz direkt an der Straße, Zelten in Flussnähe).

■ ESSEN & TRINKEN

KAUTOKEINO VILLMARKSENTER AS
Von Samen betriebenes Gasthaus (auch 17 Zi.), es werden traditionelle samische Gerichte serviert. *Tel. 78 48 76 02 | €€*

■ AUSKUNFT

Turistinformasjon | Tel. 78 48 65 00 | Fax 78 48 60 43 | www.kautokeino.nu

NORDKAP

[133 D1] ★ **Der nördlichste Punkt ist es zwar nicht, aber ein unvergessliches Erlebnis allemal. Das 307 m hohe Felsplateau liegt 2163 km von Oslo entfernt auf der Insel Magerøy. Sie erreichen die**

Warten auf die Mitternachtssonne: Aussichtsplattform am Nordkap

Insel durch einen 6,8 km langen Tunnel *(Mautgebühr bis 6 m Gesamtlänge/3,5 t je Strecke 135 NOK plus 46 NOK pro Passagier)*. Die riesige, teils in den Fels gesprengte *Nordkaphalle* hält Restaurants und Souvenirs bereit, aber auch eine Panoramabar und – ein Ort der Stille – eine kleine ökumenische Kapelle. Das wirkliche Schauspiel jedoch findet am nördlichsten Horizont statt. Dann nämlich, wenn sich auf 71° 10' 21'' geografischer Breite von Mai bis Juli weder Nebel noch Wolken in die Aussicht auf die Mitternachtssonne schieben. *www.nordkapp.no*

SEHENSWERTES

KIRKEPORTEN ✺
Die Wanderung zum Felsen „Kirchentür" ist nicht sehr anstrengend. Toller Blick übers Nordmeer und Richtung Nordkap. *Beginn bei Kirkeporten Camping in Skarsvåg*

VOGELFELSEN GJESVÆRSTAPPAN
Das Spektakel auf den vier Wänden des Felsens sollte man aus der Nähe erleben: Kormorane, Papageitaucher, Möwen und Seeadler. *Gjesvær Turistsenter | Tel. 78 47 57 73 | Fax 78 47 57 07 | www.birdsafari.com (im Sommer tgl. Fahrten | 450 NOK pro Person) oder bei Roald Berg | Gjesvær | Tel. 78 47 57 80 | www.stappan.no (tgl. | 430 NOK pro Person)*

ÜBERNACHTEN

ARRAN NORDKAPP ✺
Insider Tipp

Die schönste Übernachtung auf der Insel und frische Backwaren zum Frühstück! *40 Zi. | Kamøyvær | Tel. 78 47 51 29 | Fax 78 47 51 56 | www.arran.as | €€*

KIRKEPORTEN CAMPING
Der nördlichste Campingplatz im nördlichsten Fischerdorf der Welt hat auch gut isolierte Hütten und einen See vor der Tür, in dem Saiblinge an die Angel gehen. *Skarsvåg | Tel. 78 47 52 33 | www.kirkeporten.no | €*

AUSKUNFT
Turistinformasjon | Fiskeriveien 4 | Honningsvåg | Tel. 78 47 70 30 | Fax 78 47 70 39 | www.visitnorthcape.no | www.nordkapp.no

VARANGER

[133 E–F 1–2] ★ **Auf der mächtigen Halbinsel am Eismeer gibt es keine Bäume und kein Grün, nur viel Geröll.** Der Knotenpunkt in der Ostfinnmark heißt *Tana Bru*. Hier überquert man den Strom Tana, der bei Lachsanglern einen besonderen Ruf hat. Von Westen kommt die E 6 und zweigt nach Kirkenes ab. Die Straße 890 führt an die Barentssee. Dort liegen *Berlevåg* (135 km) und *Båtsfjord* (108 km). Bleiben Sie auf der 890 –

die letzten 33 km, die *Eismeerstraße* zwischen Kongsfjord und Berlevåg, sind ein Traum: Sturm, Eis und Salzwasser haben die Felsen bearbeitet, dazwischen tun sich Strandterrassen auf. *Vadsø* (5000 Ew., 66 km ab Tana Bru) und *Vardø* (2600 Ew., 141 km) sind Schmelztiegel vieler Kulturen. Im 18. und 19. Jh. kamen die Kvenen aus Finnland und suchten ihr Glück

Verteidigungsanlage aus der ersten Hälfte des 18. Jhs.: Vardøhus Festning

als Bauern, Fischer und Grubenarbeiter. Im Hafen von Vardø sind russische Fabrikschiffe vertäut, Zeugen des jahrhundertelangen Handels zwischen Norwegen und Russland.

SEHENSWERTES

MOLEN IN BERLEVÅG
1882 zerschlug ein Orkan große Teile der Fischereiflotte, und auch Anfang des 20. Jhs. zerstörte das Eismeer mehrmals wertvolles Gut. Die beiden 1973 gebauten Tetrapoden-Molen sind der wichtigste Grund dafür, dass die Menschen in Berlevåg geblieben sind. Bei stärkstem Nordwind kommen die Hurtigruten-Schiffe in den Hafen, und bei normaler Windstärke können Neugierige bis ans Molenende spazieren.

HAMNINGBERG
Insi
Ti
Das verlassene Fischerdorf wird über eine faszinierende Straße angesteuert: ab Vardø 35 km Mondlandschaft links und Eismeer rechts. Oberhalb wunderschöner Strände sind die Spuren von Bewegungen der Erdkruste zu erkennen. Nur im Sommer wird der Ort, der von den Zerstörungen des Zweiten Weltkriegs verschont blieb, von einigen Hamningbergern bewohnt.

VADSØ MUSEUM
Hier wird die Kulturgeschichte der Finnland-Norweger (Kvener) gepflegt und vermittelt. *Im Sommer Mo–Fr 10–17, Sa, So 10–16 Uhr | Eintritt 20 NOK | Hvistendahlsgate 31 | www.museumsnett.no/vadsomuseet*

VARDØHUS FESTNING/VARDØ
Die 1734–38 gebaute Verteidigungsanlage wird heute von der norwegischen Marine genutzt. *Tgl. 8–21 Uhr | Eintritt 30 NOK | Vardø | Festningsgaten 20*

ESSEN & TRINKEN

HAVHESTEN RESTAURANT
Rentierfleisch oder Kamtschatkakrabbe? Am besten bei Sonnenschein auf Ekkerøy 15 km östlich von Vadsø

direct am Meer. *Ende Juni–Mitte Aug.* | *Tel. 90 50 60 80* | *www.ekke roy.no* | €€

■ ÜBERNACHTEN ■

BERLEVÅG CAMPING & APPARTEMENT

Einfache Unterkunft. *4 Zi.* | *Tel. 78 98 16 10* | *Fax 78 98 08 11* | *www. berlevag-pensjonat.no* | €

SLETTNES FYR ❁

Slettnes fyrstasjon ist der nördlichste Festlandsleuchtturm der Welt und liegt buchstäblich am Ende des europäischen Kontinents, 4 km an Fischerdorf Gamvik vorbei, in einem atemberaubenden Naturschutzgebiet. Führungen, Café. *Im Sommer Mo bis Fr 9–18, Sa, So 10–18 Uhr* | *Übernachtung ganzjährig* | *12 Zi.* | *Tel. 78 49 78 99* | *Fax 78 49 61 34* | *www. ilighthouses.no* | €€€

■ AUSKUNFT ■

Båtsfjord: Frivillighetssentralen | *Tel. 78 98 34 00* | *Fax 78 98 34 01* | *baatsfjord.frivillig@c2i.net*
Berlevåg Pensjonat & Camping AS | *Tel. 78 98 16 10* | *Fax 78 98 08 11* | *www.berlevag-pensjonat.no*
Tana: Touristeninformation | *Rådhusveien 3* | *Tel. 78 92 53 99* | *Fax 78 92 53 09* | *www.tana.kommune.no*
Vadsø: Kirkegata 15 | *Tel. 78 94 04 44* | *Fax 78 94 04 45* | *www.varanger.com*
Vardø: Sentrum | *Tel. 78 98 69 07* | *Fax 78 98 69 08* | *www.varanger.com*

■ ZIEL IN DER UMGEBUNG ■

SØR-VARANGER/
PASVIKTAL   [133 E–F 3–4]

Nach einer langen Fahrt Richtung Osten endet die E 6 in der Kleinstadt *Kirkenes* (4000 Ew.). Auch Kirkenes ist von eintöniger Nachkriegsarchitektur. Am Ortseingang zeigt das *Grenzlandmuseum (im Sommer 10 bis 18 Uhr, sonst 10–15.30 Uhr* | *Eintritt 30 NOK* | *www.sor-varanger. museum.no), wie die Region in die* Kriegshandlungen des Zweiten Weltkriegs verwickelt war.

Südlich der Stadt liegt das Pasviktal, der westlichste Ausläufer der sibirischen Taiga und Nationalpark. Ein dichter Urwald mit einer vielfältigen Flora lädt zu ausgiebigen Wanderungen ein – wegen des Braunbärenbestandes in Pasvik ist allerdings Vorsicht geboten. 40 km südlich von Kirkenes blickt man von der *Höhe 96* zu den Schornsteinen im russischen Nikel hinüber. Vom Wasserfall *Skogfoss* sind es nur 50 m bis zur russischen Grenze. Das Ende Norwegens ist im äußersten Süden des Nationalparks erreicht. Hier zeigt ein Steinhaufen das Dreiländereck Russland-Finnland-Norwegen an (5 km vom Ende der Straße in *Noatun*). *Auskunft: Turistinformasjon Kirkenes* | *Presteveien 1* | *Tel. 78 99 25 44* | *Fax 78 99 60 87* | *www.kirkenesinfo.no*

>LOW BUDGET

> Das *Nordkapp Filmfestival* ist Nordnorwegens leicht schräger Treff für Film- und Kinofans. *Mitte September* | *Festivalpass 300 NOK* | *Honningsvåg* | *www.nordkappfilmfestival.no*

> Das gemütliche *Mini Pris Motellet* liegt in arktisch-karger Natur nur 15 km vom Nordkap. Doppelzimmer ab 375 NOK (Bettzeug mitbringen). *10 Zi.* | *Tel. 78 47 52 48* | *Skarsvåg* | *www.minimotellet.no*

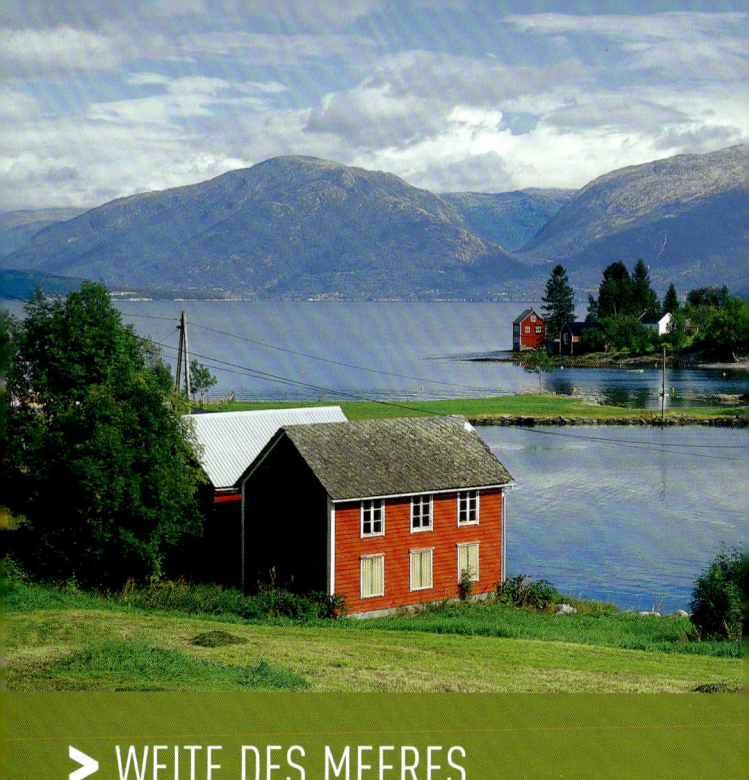

> WEITE DES MEERES, WEITE DES FJELL

Lange Wege durch überwältigende Landschaften –
erkunden Sie blühende Fjorde und die zerklüftete Küste

Die Touren sind auf dem hinteren Umschlag und im Reiseatlas grün markiert

1 VOM FLACHEN LAND NACH FJORD-NORWEGEN

Der erste Teil dieser Fahrt ist ganz und gar unnorwegisch: Nördlich vom Fährhafen Egersund erstreckt sich das flache, von Steinwällen durchzogene Ackerland der Region Jæren an der Nordsee. Es riecht nach Seetang, und fast immer weht der Wind. Fjorde und Fjell scheinen weit weg. Doch an der ersten Fähre beginnt das typische Westnor-

wegen: an den Fjorden von Ryfylke entlang und ins Gebirge, durch Tunnel und Täler bis zum Hardangerfjord und schließlich zum Sognefjord. Bis dahin legen Sie 510 km zurück – nehmen Sie sich für diese Tour mindestens drei Tage Zeit.

Haben Sie Badezeug dabei? Am Ortsrand von Egersund biegt die Straße 44 nach Norden ab, und schon bald tauchen herrliche Sandstrände auf. Im Sommer ist die Badetemperatur erträglich, Brett- und Kitesurfer

Bild: Hardangerfjord

AUSFLÜGE & TOUREN

nutzen die perfekten Wind- und Wellenverhältnisse, zwischen den Dünen liegen Sonnenanbeter. Fast 25 km weit erstrecken sich die Strände von Jæren bis nach Sola, ab und zu unterbrochen von Steinufern oder einzelnen, glatt gewaschenen Felsen.

Im flachen Land von Jæren ließen sich die ersten Menschen in Norwegen nieder. Sehenswert ist der alte Kirchhof von **Varhaug** neben der kleinen Kirche direkt am Meer. Neben dem alten **Pfarrhof von Hå** *(15. Mai bis 31. Aug. Di–Fr 11–17, Sa, So 12–17 Uhr; Juli auch Mo 11–17 Uhr | www. fyr.no/fyra/obrestad/obre7.html),* um 1790 erbaut und heute ein Kulturzentrum mit wechselnden Ausstellungen, liegen in Ufernähe rund 60 Grabhügel aus der Zeit der Völkerwanderung. Am ☀ Leuchtturm **Obrestad fyr** haben Sie einen wunderbaren Blick über die Küstenlandschaft.

Am Südrand der Stadt Sandnes verlassen Sie die Straße 44 und biegen auf die Straße 13 Richtung Osten ein. Die Fähre Lauvvik–Oanes *(10 Min. | tgl. 35 Abfahrten)* bringt Sie ins Land der Fjorde. In **Lauvvik** können Sie mit einem Ausflugsschiff einen halbtägigen Ausflug in den **Lysefjord** *(S. 61)* hinein machen *(im Sommer tgl. | Tel. 51 86 87 70)*, um das berühmte Felsplateau ✹ **Preikestolen** oder den 1000 m hohen Berg **Kjerag** vom Fjord aus zu bestaunen – oder aber Ihr Fjordabenteuer auf der Straße fortsetzen. Wenige Kilometer vor Jørpeland geht es rechts zur **Preikestolshytta**, wo die zweistündige und teils anspruchsvolle Wanderung zur „Kanzel" beginnt. Die Aussicht von dem 604 m hohen Plateau über den Fjord und die schneebedeckten Gipfel ist bei gutem Licht traumhaft.

Sie sind in Ryfylke angekommen, einer Landschaft der weiten Täler, großen Wälder und schmalen, weit verzweigten Fjorde und der Gebirge, die bis ans südnorwegische Setesdal reichen. Machen Sie in **Årdal** (55 km ab Oanes) Halt, schauen Sie den Lachsanglern am Fluss zu, und besuchen Sie die Dorfkirche, die Anfang des 17. Jhs. errichtet wurde und wunderschön in diese Landschaft passt. Einen herrlichen Blick über das Tal, das Dorf und zum Fjord hinüber haben Sie vom Bauernhof ✹ **Høiland Gard** *(Tel. 51 75 27 75 | Fax 51 75 15 05 | post@hoiland-gard.no)* aus, der fünf gemütliche Zimmer (€€) und vier Hütten (€) bietet. Nach Überquerung des **Jøsenfjords** bei Hjelmeland *(10 Min. Fährfahrt | tgl. 22 Abfahrten)* 17 km nördlich von Årdal haben Sie ✹ nach wenigen Kilometern einen schönen Blick ostwärts in den Fjord, bevor es nach einer kurzen Kletterpartie zum schmalen **Erfjord** und weiter zum **Sandsfjord** geht.

Bevor Sie auf der Straße 13 nach Osten Richtung Gebirge abbiegen, lohnt ein kurzer Abstecher zum Fjordort **Sand** (45 km ab Hjelmeland). Alltag und Arbeit in einem Fjorddorf ist das Thema des Regionalmuseums **Ryfylkemuseet**, das in einem restaurierten Boots- und Netzehaus untergebracht ist; am Kai ist der Rahsegler *Brødrene af Sand* vertäut *(Museum und Schiff 21. Juni–10. Aug. Mo–Fr 9–16, Sa, So 12–16 Uhr; sonst Mo bis Fr 9–15 Uhr | Eintritt 30 NOK)*. Zwischen einem Bootshafen und der

Nur für Schwindelfreie: steile Felswand im Lysefjord

AUSFLÜGE & TOUREN

Mündung des Lachsflusses *Suldals-lågen* liegt das stattliche 📶 **Ryfylke Turisthotel** *(48 Zi. | Tel. 52 79 27 00 | Fax 52 79 27 01 | www.ryfylketurist hotel.no | €€€)*. Im *Lachsstudio* ganz in der Nähe kann man Lachsen und Meerforellen beim Aufstieg zusehen.

Die schwierige Teilstrecke der Straße 13 am See **Suldalsvatnet** entlang führt Sie für eine Weile von den Fjorden weg und ins Gebirge. Bei Breifonn (71 km ab Sand) stoßen Sie auf die E 134 nach Hardanger. Die südliche Landmarke dieses traditionsreichen Feriengebietes ist der im Frühsommer tosende **Låtefossen**, der neben der Straße in den Fluss stürzt. Der Wasserfall ist insgesamt 400 m lang und hat einen freien Fall von 165 m. Bleiben Sie im Industrieort Odda (39 km ab Breifonn) auf der rechten Uferseite, und machen Sie in **Tyssedal** Halt am *Westnorwegischen Wasserkraft- und Industriemuseum* *(Mitte Mai–Anfang Sept. tgl. 10–17 Uhr | Eintritt 70 NOK)*. Das Kraftwerk ist ein sorgsam restauriertes Bauwerk aus der Zeit von 1900 bis 1920, als in Norwegen die Wasserkraft zur tragenden Säule der Energiegewinnung und Industrieentwicklung wurde. In **Kinsarvik** (41 km ab Odda) empfiehlt sich ein Stopp mit Übernachtung in einer komfortablen Hütte (**Hardangertun** | *Tel. 53 67 13 13 | Fax 53 67 13 14 | www.hardanger tun.no | €€*). Wer gern wandert, kann durch das Tal **Husedalen** an vier Wasserfällen vorbei zur Hochebene **Hardangervidda** *(S. 54)* hinaufsteigen.

Nach der Fähre Brimnes–Bruravik *(10 Min. | tgl. 40 Abfahrten)* ist es nur noch eine knappe Stunde bis nach **Voss** (29 km ab Kinsarvik). Der Wintersportort, umgeben von bewaldeten Hängen am Ufer eines Sees gelegen, ist bevorzugtes Revier der Extremsportler. Wundern Sie sich also nicht, wenn über Ihnen Fallschirmspringer oder Paraglider zu Tal segeln. Nachdem die Wassertreppen des **Tvindefossen** passiert sind, beginnt auch bald der Aufstieg zum Pass **Vikafjellet**. Hier oben hält sich die Schneekante bis in den Hochsommer hinein, von den Rastplätzen aus lohnen sich kürzere und längere Wanderungen in die Bergwelt. Kurz vor Vik (58 km ab Voss) biegen Sie ab zur um 1150 erbauten **Stabkirche von Hopperstad**, deren gotischer Altarbaldachin mit prachtvollen Schnitzereien geschmückt ist. Auf der anderen Straßenseite steht die kleine **Hove-Steinkirche** (2. Hälfte des 12. Jhs.), das älteste Gebäude links und rechts des Sognefjords. Sie ist der letzte Stopp vor dem **Sognefjord** *(S. 58)*, dem Sie jetzt noch einige Minuten bis nach **Vangsnes** folgen, wo die Fähren nach Hella *(15 Min. | tgl. 24 Abfahrten)* und nach Dragsvik *(10 Min. | tgl. 25 Abfahrten)* fahren.

2 NORWEGENS TRAUMKÜSTE

Bei Steinkjer nördlich von Trondheim beginnt Norwegens schönster und längster Umweg. Sollten Sie sich für die Straße 17, den „langsamen Weg nach Norden", entschließen, planen Sie für die 578 km und sieben Fähren viel Zeit ein. Sollten Sie unterwegs feststellen, dass Sie nicht mehr weiterfahren möchten, sind Sie auf dem besten Weg, Ihr Herz an diesen Küstenstreifen zwischen Trondheim und Bodø zu verlieren. Sandstände und Wasserfälle, blaues Meer und faszinierende Berge, sagenumwobene Inseln, mächtige Gletscher und das Licht des Nordlandes – diese Vielfalt wartet auf Sie.

Vom 💠 Fähranleger in **Vennesund** (*Fähre Holm–Vennesund | 20 Min. | tgl. 15 Abfahrten*) aus ist der Berg **Torghatten** in der Ferne zu sehen. Sein auffälliges Merkmal ist ein Loch, so groß, dass „ein ganzes Schiff hindurchfahren kann". Bleiben Sie zunächst in Vennesund, genießen Sie das Meer und den Sonnenuntergang an Nordlands Küste. Übernachten kann man im **Vennesund Brygge og Camping** (*Sømna | 3 Rorbuer | 14 Hütten | Tel. 75 02 73 75 | Fax 75 02 73 36 | www.vennesund.no | €*). Am nächsten Tag sind nach 50 km **Brønnøysund**, „die Stadt in der Mitte Norwegens", und der von weitem bestaunte 💠 Torghatten das Ziel. Der Berg liegt 15 km westlich auf einer Insel. Ein 20-minütiger Weg führt Sie direkt an das 160 m und 35 m hohe Loch: Ein traumhafter Ausblick und die erfrischende Seeluft erwarten Sie.

8 km nördlich von Brønnøysund liegt auf dem Hof Tilrem der Kräutergarten **Hildurs Urterarium** (*Juni–Aug. tgl. 10–17 Uhr | Eintritt 30 NOK | www.hildurs.no*) – wahrlich eine Rarität. Immerhin ist ja der Polarkreis ganz in der Nähe, doch hier werden Rotwein und Kräutersuppe mit Zutaten aus eigenem Garten serviert. Nach 20-minütiger Überfahrt mit der Fähre Horn–Anndalsvågen (*tgl. 8 Abfahrten*) und 17 km schöner Küstenstrecke gelangen Sie nach **Vevelstad/Forvik**. Am Fähranleger liegt der 200 Jahre alte Handelsplatz *Forvikgården,* ein Stück weiter das **Heimatmuseum** und die **Kirche** (1796) mit einem Altarbild des Italieners Joseph Pisani. Wer langsam reisen möchte, sollte im alten Handelshof **Handelsstedet Forvik** (*Tel. 75 03 71 31 | Fax 75 03 76 34 | €€*) übernachten.

Oder Sie rollen auf die nächste Fähre. Sie braucht bis nach Tjøtta eine Stunde, die viel zu schnell vergeht. 19 km hinter Tjøtta liegt **Alstahaug**, das Herz von Nordland. Landeinwärts sehen Sie die wunderschöne Bergkette der **Sieben Schwestern**. Fast am Seeufer liegt neben der hübschen **Kirche** aus dem 12. Jh. der rot gestrichene 💠 **Pfarrhof Alstahaug** (*Juni bis Mitte Aug. tgl. 10–19 Uhr | Eintritt 40 NOK*). Vor 300 Jahren lebte hier Petter Dass, Nordlands großer Dichter, dessen Gedichtsammlung „Trompete des Nordlandes" in jede norwegische Hausbibliothek gehört. Dank einer gut 1000 m langen Hängebrücke ist *Sandnessjøen* (5300 Ew.), die Fischereistadt am Ufer des Alstfjords, schon von weitem zu sehen. *Übernachtung: Rica Hotel Sandnessjøen | 48 Zi. | Torolv Kveldulvsonsgt. 16 | Tel. 75 06 50 00 | Fax 75 06 50 01 | www.rica.no | €€*

Der nächste Fähranleger kommt bestimmt (*Levang–Nesna | 25 Min. | tgl. 11 Abfahrten*), und immer noch sind es rund 300 km bis Bodø. Auf der Landseite rücken die Berge jetzt immer näher an die Straße. Die Fähre Kilboghamn–Jektvik (*1 Std. | tgl. 5–6 Abfahrten*) wäre ja schon nichts Besonderes mehr – wenn nicht der imaginäre Polarkreis wäre. Der Kapitän wird sicher Bescheid sagen, merken werden Sie nichts. Was jetzt lockt, ist ewiges Eis. 28 km hinter Jektvik wartet bereits die Fähre Ågskaret–Forøy (*10 Min. | tgl. 10 Ab-*

Insider Tipp

fahrten). Nach einer langen Etappe gibt es einen guten Grund, hier etwas mehr Zeit zu verbringen: Im Inneren des **Holandsfjords** ist der ❄ **Engabreen,** ein Gletscherarm des **Svartisen** *(S. 75),* fast bis ans Meer herangerückt. Mit einem kleinen Ausflugsschiff kommen Sie von Holand oder Braset aus an die faltigen Eismassen heran. Übernachten können Sie im **Halsa Gjestegård** *(18 Zi. und Gasthof | Tel. 75 75 06 77 | Fax 75 75 08 81 | kmeloeyv@online.no | €).*

Nach Durchquerung des *Svartisen-Tunnels* legen Sie in **Glomfjord** (140 km vor Bodø) den letzten längeren Halt ein. Schon 1920 wurde unter dem Svartisen das erste Kraftwerk gebaut, seither gibt es in Glomfjord die Fabriken von Norsk Hydro. Im **Industriemuseum** *(Öffnungszeiten: Meløy Turistinformasjon in Ørnes | Tel. 75 75 48 88 | Fax 75 75 48 08)* des Konzerns im Ort erfahren Sie viel über Wasserkraft und Norwegens größtes Industrieunternehmen.

Am Ende der langen und erlebnisreichen Fahrt steht die kleine ==Kirche von Gildeskål== *(Führungen in der Sommersaison):* 38 km nördlich von Ørnes biegen Sie auf die Straße 838 nach Norden ab und machen einen Spaziergang durch den kleinen Ort und zu dem vor 1250 errichteten Gotteshaus. Die Ruhe, das Hafenidyll und der traumhafte Blick in alle Richtungen stehen in starkem Kontrast zu den tosenden Wassermassen des später folgenden **Saltstraumen** *(S. 74)* und sind deshalb der richtige Abschluss der Fahrt durchs Nordland. Wenige Kilometer hinter dem aus luftiger Höhe beeindruckenden Mahlstrom endet die Straße 17 bei

Insider Tipp

Løding an der Straße 80, und in **Bodø** *(S. 70)* endet diese Route. Informationen über die Straße 17 sind erhält-

Zu Fuß kommt man dem Svartisen-Gletscher ganz nah

lich bei *Kystriksveien | Postboks 91 | 7701 Steinkjer | Tel. 74 16 36 17 | Fax 74 16 10 88 | www.rv17.no.*

EIN TAG IN OSLO

Action pur und einmalige Erlebnisse.
Gehen Sie auf Tour mit unserem Szene-Scout

DREIKÄSEHOCH

8:30

Norwegischer kann der Tag nicht starten: Brunost heißt der braune Käse mit dem süßlichen, karamellartigen Geschmack – dazu frisch gebackenes Brot, und man ist für alle Abenteuer gewappnet! Noch nicht genug? Keine Sorge, das skandinavische Frühstücksbüfett im *Kaffistova* – das beste Oslos, so wird gemunkelt – ist reichhaltig. **WO?** *Hotel Bondeheimen | Rosenkrantz gate 8 | www.bondeheimen.com*

9:30

SKISPRINGEN

Satt? Dann ab in die U-Bahn und hoch zum Holmenkollen. Mit 90 Stundenkilometern gilt es jetzt, die legendäre Schanze hinabzurasen – natürlich nur virtuell! Der Computersimulator im Museum machts möglich. **WO?** *Holmenkollen-Skimuseum | Kongeveien 5 | Tel. 22 92 32 00 | 35 NOK | www.skiforeningen.no*

UP AND DOWN

10:30

Zurück auf dem Boden der Tatsachen? Gut, denn jetzt gehts noch mal hoch auf 64 m Höhe – doch diesmal ganz real! Abseilen von der Skischanze steht auf dem Programm. Eine Stunde Nervenkitzel, super Aussicht und Adrenalinkick inklusive! **WO?** *Holmenkollen | Kongeveien 5 | Tel. 31 30 35 00 | 500 NOK | www.arrcom.no*

12:00

NOBELPREIS FÜR NASCHKATZEN

Der Magen knurrt, also zurück ins Zentrum. Im stylishen *Café de la Paix* im *Nobel Peace Center* verwöhnen Kreationen wie Passionsfrucht- oder Crème-brûlée-Kuchen den Gaumen. Pascal Dupuy verdient einen besonderen Preis für sein köstliches französisches Backwerk! **WO?** *Im Nobel-Friedenszentrum | Brynjulf Bulls plass 1 | Tel. 22 83 04 00 | www.pascal.no*

24 h

SONNE TANKEN!

13:45

Vom Stadtzentrum direkt in die Natur, und das in nur 20 Minuten: Einfach in Vippetangen auf die Fähre Nr. 94 springen und zwischen den Inseln des Oslofjords herumcruisen. In Langøyene geht's von Bord – denn das Inselchen hat den schönsten Sandstrand. Badesachen und Sonnencreme nicht vergessen! **WO?** *Hafen Vippetangen | Abfahrt regelmäßig | Fahrplan unter www.trafikanten.no*

17:30

NEED FOR SPEED

Genug gefaulenzt! 15 Autominuten weiter geht's rund: Helm auf, rein in den Gokart und Fuß aufs Gas. Das Rennfahrerfeeling ist hier garantiert! **WO?** *Harald Huysman Karting | Smalvollveien 34 | Tel. 23 05 13 00 | 155 NOK | www.hhk.no*

SULT UND TØRST IM TRENDVIERTEL

19:00

Hunger? Trifft sich gut! Im *Sult* (= Hunger) speist man im Neo-Norwegian-Style. Unbedingt probieren: Forelle auf Gemüselasagne mit grüner Salsa oder gedünstete Muscheln mit Knoblauch-Tomatensauce. Durst? Gleich nebenan bei *Tørst* (= Durst) trifft sich die junge, durstige Szene von Løkka – und schlürft leckere Cocktails wie Vanille-Mojito und Birnen-Caipirinha. **WO?** *Thorvald Meyers gate 26 | Tel. 22 87 04 67 | www.sult.no*

22:00

DANCE THE NIGHT AWAY!

Jetzt aber runter von den Barhockern: Einer der heißesten Clubs des Landes wartet. In der *Bar Royale* tanzt das Partyvolk zu House- und Technosounds bis zum Umfallen. Für den richtigen Ton sorgen lokale Größen und Gast-DJs aus den USA, UK, Deutschland und Schweden. Übrigens: Die Location war früher mal eine öffentliche Toilette! In Sachen Ambiente hat sich jedoch alles zum Besten gewendet. **WO?** *Rådhusgata 25 | Tel. 22 42 28 88 | Einlass ab 23 Jahren*

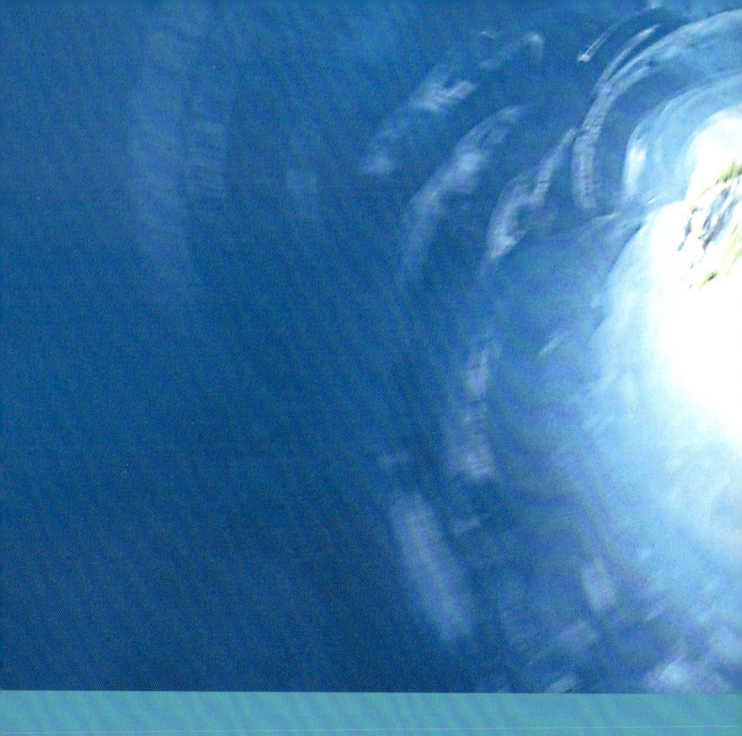

> EXTREMSPORT UND MITTERNACHTSGOLF

Norwegens Küste, Hochebenen und Berge bieten viele
Möglichkeiten, das eigene Leistungsvermögen auszutesten

> Norwegen zieht immer mehr Menschen an, die extreme Herausforderungen suchen. Norwegen hält aber auch unzählige Angebote für Urlauber bereit, die einfach nur aktiv sein wollen.

Küste, Fjorde, phantastische Flussläufe und Seen in allen Höhen sind Tummelplätze von Anglern und Wassersportlern, die Berge halten Herausforderungen für Wanderer ebenso wie für Bergsteiger parat. Und weil in diesem Land die „Wiege des Ski-sports" steht, nimmt Wintersport einen besonderen Platz ein.

■ ANGELN

Für Angler ist Norwegen das Land der fast unbegrenzten Möglichkeiten. An und vor der Küste werden Dorsche, Seelachse, Pollacks, im Sommer auch Makrelen und Schollen gefischt. Die besten Reviere für das *Big Game Fishing* vom Kutter aus auf kapitale Dorsche oder Heilbutte lie-

SPORT & AKTIVITÄTEN

gen zwischen Stavanger und Trondheim, um die Lofoten herum und vor den Inseln nördlich von Tromsø. Da es nur noch wenige gute und bezahlbare Lachsflüsse gibt, konzentrieren sich immer mehr Sportangler auf das Angeln von Forellen. Für das Angeln auf Meerforellen und Lachse muss die 200 NOK teure Fischereiabgabe *(fiskeravgift)* im Postamt bezahlt und beim Flusspächter ein Erlaubnisschein *(20–100 NOK pro Tag | nä-* here Auskunft bei der Touristeninformation) erworben werden. Wer in einem Fluss oder See Forellen oder andere Süßwasserfische angeln möchte, benötigt nur die Erlaubnis des Grundbesitzers. An den Flüssen Orkla, Gaula, Stjordalelv und Verdalselv darf man innerhalb von 24 Stunden nur je zwei Lachse und Meerforellen fangen und behalten. Achten Sie auf die Ausfuhrbestimmungen (siehe Kapitel „Praktische

Hinweise"). *www.visitnorway.com/ templates/NTRarticle.aspx?id=35315*

BERGSPORT

Bergsportler zieht es vor allem in die Region Sogn og Fjordane auf den Gletscher *Jostedalsbreen* und die anspruchsvollen Gipfel im westlichen *Jotunheimen.* Direkt am Hardangerfjord liegt das Massiv des Gletschers *Folgefonna.* Auf dessen Plateau können unter sachkundiger Leitung auch weniger erfahrene Skiläufer gelangen. Informationen zu Gletscherwanderungen auf dem Jostedalsbreen oder Bergsteigen mit Führung erteilt der Wanderverein *DNT (Den Norske Turistforeningen | Oslo | Tel. 22 82 28 00 | Fax 22 82 28 01 | www. turistforeningen.no).* Die lokalen Gebirgssportclubs erreicht man über das jeweilige Fremdenverkehrsamt.

GOLF

Es gibt in Norwegen rund 250 Anlagen, manchmal auch auf scheinbar unzugänglichem Gelände sind wunderschöne Plätze entstanden. Der *Insider Tipp* schönste, *Lofoten Golfbane* (Greenfee 300 NOK | Tel. 76 07 20 02 | Fax 76 07 20 03 | www.lofoten-golf.no), hat neun Löcher und liegt auf den Lofoten am offenen Meer, von Klippen eingerahmt. In der Saison von Juni bis Oktober kann man bei schönem Wetter auch unter der Mitternachtssonne spielen. Näheres zu Golf in Norwegen: *Norges Golfforbund | Oslo | Tel. 21 02 91 50 | Fax 21 02 91 51 | ngf@golf.no*

RADFAHREN

In *Andenes* an der Nordspitze der Vesterålen beginnt eine 450 km lange Radwanderstrecke bis nach *Å,* dem südlichsten Punkt der Lofoten. Übernachtet wird in Hütten oder Rorbuer, die beste Reisezeit ist Mai/Juni oder Ende August/September. Eine Routenbeschreibung kann man bestellen bei *Destination Lofoten | Tel. 76 06 98 00 | tourist@lofoten-tourist.no.*

Die Region *Jæren* ist flach, die Sandstrände sind weitläufig – ideal für Radwanderungen mit der Familie. Als Startpunkt empfiehlt sich *Egersund,* weil dort die Fähre aus Dänemark anlegt. Der Wanderführer für die Nordseeroute (mit deutschem Text) ist bei allen größeren Fremdenverkehrsämtern zwischen Kristiansand und Bergen erhältlich.

Norwegen pur mit dem Rad, das ist der *Rallarweg* im Hochgebirge *Inside Tipp* zwischen Oslo und Bergen. Die Strecke am Nordrand der Hardangervidda entlang führt durch raues Gebirge, weshalb kleine Kinder an der Tour nicht teilnehmen sollten.

Unter *www.bike-norway.com/tysk. asp* finden Sie die Beschreibungen aller Radwanderrouten in Norwegen und können auch zu jeder einen handlichen Guide bestellen.

WANDERN & LANGLAUF

Berge, Hochebenen, aber auch zahlreiche Inseln an der Küste locken mit einfachen bis komfortablen Hütten und gut markierten Wanderwegen. Wanderer wollen – wie die Langläufer im Winter – vor allem Weite. Deshalb ist das riesige Waldgebiet *Nordmarka* im Norden Oslos so beliebt, deshalb werden die Nationalparks fleißig genutzt. Bevorzugte Wandergebiete sind *Saltfjellet-Svartisen* und

Norwegen ist ein Land für sportliche Grenzerfahrungen

Øvre Pasvik in Nordnorwegen, die Gebirge *Jotunheimen, Rondane* und *Dovrefjell* in Südnorwegen – und natürlich die *Hardangervidda*. In alle Richtungen durchziehen Loipen Nordeuropas größte Hochebene, die Hütten liegen 3- bis 8-stündige Touren voneinander entfernt. Von März bis Mai ist die „Vidda" das ideale Langlaufgebiet. Das meiste über Wandern, das Hüttenangebot in Norwegen und andere Gebirgssportaktivitäten erfährt man bei *Den Norske Turistforeningen (DNT | Oslo | Tel. 22 82 28 00 | Fax 22 82 28 01 | www. turistforeningen.no)*. Die Mitgliedschaft im DNT ist empfehlenswert: Beispielsweise ist dann das Übernachten in den mehr als 400 DNT-Hütten günstiger.

■ WASSERSPORT ■
Die Küste ist ein riesiges und abwechslungsreiches Segelrevier, be-

sonders im Oslofjord und an der Skagerrak-Küste herrscht im Sommer reger Verkehr. Weitaus norwegischer als das Segelboot sind jedoch Kanu oder Kajak. Das Angebot reicht von tagelangen Wanderungen an der Küste entlang und in die Fjorde hinein über Ausflüge mit Zelt und festen Schuhen im Gepäck von See zu See bis zu Wildwasserkursen auf einem der Flüsse, die vom Hochgebirge ost- oder westwärts fließen. Hier gilt der *Sjoa*, ein Nebenfluss des Lågen im oberen Gudbrandsdalen, immer noch als erste Adresse. Die Touren sind halb-, ein- oder zweitägig angelegt (Infos: *Sjoa Rafting AS | Heidal | Tel. 90 07 10 00 | Fax 61 23 19 00 | post @sjoarafting.com)*. Arktisches Ambiente bieten die Kajaktouren in den Gletscherseen am Jostedalsbreen (Breheimsenteret | Jostedal | Tel. 57 68 32 50 | Fax 57 68 32 40 | *www.icetroll.com)*.

Insider Tipp

> ## VIEL PLATZ FÜR DIE KLEINSTEN

Ferien in Norwegen machen im Winter und im Sommer Spaß.
Sicher ist: In einem Land mit so viel Weite gibt es immer wieder
Neues zu entdecken

> Die weite Anreise, die großen Entfernungen im Land, die hohen Preise – auf den ersten Blick ist Norwegen kein Land für den Familienurlaub. Dennoch fahren viele Eltern Jahr für Jahr mit dem Nachwuchs auf dem Autorücksitz gen Norden.
Auch die Reise mit öffentlichen Verkehrsmitteln wird in Norwegen nicht zur Qual: In Eisenbahnzügen gibt es Familienabteile oder Großraumwaggons mit großzügigen Spielecken. Die finden sich auch auf allen Fähren nach Norwegen, den größeren Fjordfähren und den Hurtigruten-Schiffen. Andere Selbstverständlichkeiten sind Wickelräume und Kinderstühle, auch in den meisten Restaurants. Auf der Speisekarte stehen Kinderteller, und kein Gast stört sich an spielenden Kindern. Norwegen ist ein durchweg kinderfreundliches Land.

Hüttenferien sind die bevorzugte Urlaubsform für Familien. Genügend Schlafräume, rustikale Einrichtung

> *www.marcopolo.de/norwegen*

MIT KINDERN REISEN

und kleinere Spielplätze am Haus gehören zum Standard. Der Fernseher wird kaum genutzt: Kinder wollen den Freiraum vor der Tür genießen, und davon gibt's in Norwegen genug. Für Abwechslung sorgen Tier- und Vergnügungsparks, Aquarien, Reiter- und Bauernhöfe, sichere Badeplätze im Binnenland und an der Küste – oder ungehemmtes Schlitten- und Skifahren in Winter-Norwegen. Zu einem Familienurlaub in Nordnor-

wegen gehört ein ungefähres Programm. Enorme Entfernungen, Mangel an urbanen Attraktionen, vielleicht Regenwetter – dann ist beim Nachwuchs die Geduld begrenzt. Ein Tipp: Lassen Sie das Auto stehen, und fahren Sie ein Stück mit einem Hurtigruten-Schiff oder mit einer Katamaranfähre zu einem Fischerdorf auf einer Insel. Was sich dort tagsüber auf dem Kai abspielt, interessiert zumeist auch Kinder.

Insider Tipp
DET INTERNASJONALE BARNEKUNSTMUSEUM [127 E4]

In Europa einzigartig ist das Kinderkunstmuseum in Oslo. Die Welt durch Kinderaugen gesehen – in Ma-

Ein Norwegenurlaub ist für Kinder voller Spannung und Abwechslung

lereien, Skulpturen, Töpfereien, Collagen, Textilien und vielen anderen Werken. *Ende Juni–Mitte Aug. Di bis Do, So 11–16 Uhr | Eintritt Erw. 50, Kinder 30 NOK | Lille Frøens vei 4 | www.barnekunst.no*

EVENTYRFABRIKKEN [127 E5] Ins TI

Nah an der E 6 wurde im Frühjahr 2007 die größte überdachte Spielwelt Norwegens eröffnet: ein Dschungel aus Kletter- und Hüpfburgen, Trampolinen, Tunneln und Spielmöglichkeiten auf fünf Etagen. Mit Cafeteria. *Tgl. 10–20 Uhr | Eintritt Erw. frei, Kinder bis 16 Jahre 100 NOK (3 Std.) | Tel. 69 15 84 40 | Vestengveien 40 | Sarpsborg | www.eventyrfabrikken.no*

HUNDERFOSSEN FAMILIEPARK [127 D–E2]

Hier ist der weltgrößte Troll zu Hause (sitzend ist er 14 m hoch), es gibt ein Märchenschloss und eine Märchengrotte, ein Wachsfigurenkabinett, Autobahnen, eine Badeanlage und ein lehrreiches Energiezentrum, in dem sich das meiste um die Stromgewinnung aus Wasserkraft dreht. *Ende Mai–24. Juni und 8.–31. Aug. tgl. 10–17 Uhr, 25. Juni–7. Aug. 10 bis 20 Uhr | Eintritt Erw. 280, Kinder (3–11 Jahre) 235 NOK | Fåberg | 13 km nördlich von Lillehammer an der E 6 | www.hunderfossen.no*

KRISTIANSAND DYREPARK [126 C6]

Der Tierpark 11 km östlich von Kristiansand ist der einzige wirkliche Zoo in Norwegen, rund 800 Tiere und Vögel haben hier ihr Zuhause. Wer hier ist, sollte auch den Bewohnern der *Kardemomme By* einen Besuch abstatten: „Leute und Räuber in der Stadt Kardemomme", das berühmte Kinderbuch des Norwegers Torbjørn Egner, ist in einer Miniaturstadt Wirklichkeit geworden. *26. Mai bis 19. Aug. tgl. 10–19 Uhr | Eintritt Erw. 290, Kinder (3–14 Jahre) 230 NOK | www.dyreparken.com*

MIT KINDERN REISEN

DER WESTEN

ATLANTIKPARK IN ÅLESUND [128 A5]

Im modernsten Aquarium Norwegens schmiegen sich Landschaftsaquarien in die maritime Umgebung. Das größte Becken fasst 4 Mio. l Wasser und beherbergt alle Fischarten, die es vor der Küste von Westnorwegen gibt. Täglicher Höhepunkt ist die Fütterung der Fische durch einen Taucher. *Juni–Aug. So–Mo 10 bis 19, Sa 10–16 Uhr, sonst tgl. 11 bis 16 Uhr | Eintritt Erw. 100, Kinder 55 NOK | www.atlanterhavsparken.no | Tueneset | Ålesund*

VILVITE ERLEBNISZENTRUM [126 A3]

Seit Juni 2007 gibt es in Bergen dieses hochmoderne interaktive Wissenszentrum an der E 39 südlich der Innenstadt. Kinder und Jugendliche tauchen aktiv in die faszinierende Welt der Naturwissenschaft und Technologie ein. Thematische Schwerpunkte sind Wetter, Energie und Ozean. Experimente, Unterwasserwelt, Schiffs- und Ölplattformsimulatoren, Café und Shop. *Eintrittspreise und Öffnungszeiten in der Touristeninformation oder unter Tel. 55 58 77 52 | Thormøhlens gate 51 | www.vilvite.no*

LOFOTEN

LOFOTAKVARIET [130 B3]

In den Becken des Lofotaquariums nahe Svolvær schwimmen vor allem Tiere aus dem Nordmeer. Besonders die Fischotter und die Seehunde begeistern die Kinder. *Juni–Aug. tgl. 10–19 Uhr, sonst 11–15 Uhr | Eintritt Erw. 80, Kinder 40, Familien 220 NOK | Storvågan | Kabelvåg | www. lofotakvariet.no*

TROMS

POLARIA [132 A3]

Ein phantastisches Informations- und Erlebniszentrum in Tromsø: Neben dem Panoramakino mit einem Film über die Polargebiete sind ein Aquarium und ein Seehundbecken zu sehen. Außerdem gibt es Ausstellungen zur Polarforschung. *Im Sommer tgl. 10–19 Uhr | Eintritt Erw. 90, Kinder 45, Familien 240 NOK | Hjalmar Johansensgate 12 | www.polaria.no*

POLARZOO TROMS [131 D2]

Der Polarzoo liegt rund 70 km nördlich von Narvik im Tal Salangsdalen. Die „polare" Fauna ist durch Elch, Moschusochse und Rentier, aber auch Wolf, Luchs, Fuchs, Vielfraß, Braunbär und Dachs vertreten. *Juni bis Aug. tgl. 9–18 Uhr | Eintritt Erw. 160, Kinder (3–15 Jahre) 90, Familien 375 NOK | www.polarzoo.no | Bardu | von Fossbakken (an der E 6) aus ist der Weg ausgeschildert*

Riesentroll im Hunderfossen Familiepark

> VON ANREISE BIS ZOLL

Urlaub von Anfang bis Ende: die wichtigsten Adressen und Informationen für Ihre Norwegenreise

▓▓ ANREISE ▓▓▓▓▓▓▓▓▓

AUTO UND SCHIFF

Auf der Route Hamburg–Oslo (12 Std.) beträgt die Maut für die Brücken über den Großen Belt und den Øresund 63 Euro. Bequemer ist die Fährverbindung Kiel–Oslo (19 Std. | Autopaket/Hochsaison bis zu fünf Personen 240–660 Euro pro Strecke, inkl. Bett | *www.colorline.com*). Von Trelleborg fährt man auf der E 6 nach Oslo (*www.ttline.de*). Stena Line fährt zwischen Kiel und Göteborg (13,5 Std. | Autopaket/Hochsaison ohne Kabine wochentags 350 Euro, Wochenende 410 Euro (für Frühbucher noch billiger | *www.stenaline. com*).

Nach Westnorwegen: Fähre von Hanstholm/Dänemark nach Egersund (8 Std.) ab 199 Euro im Autopaket, nach Bergen (18 Std.) ab 249 Euro pro Strecke ohne Kabine (*www. fjordline.com*). Color Line fährt von Hirtshals über Stavanger nach Bergen (18 bzw. 21,5 Std.), mit billigster Kabine bezahlt eine Familie mit zwei Kindern für Hin- und Rückfahrt ca. 750 Euro (*www.colorline.com*).

Preisgünstig und schnell kommt man übers Skagerrak mit den Linien Hirtshals–Langesund (*www.kystlink. de*) und Hanstholm–Kristiansand (*www.masterferries.com*), Autopakete hin und zurück ab 276 bzw. 266 Euro.

> WWW.MARCOPOLO.DE

Ihr Reise- und Freizeitportal im Internet!

> Aktuelle multimediale Informationen, Insider-Tipps und Angebote zu Zielen weltweit ... und für Ihre Stadt zu Hause!

> Interaktive Karten mit eingezeichneten Sehenswürdigkeiten, Hotels, Restaurants etc.

> Inspirierende Bilder, Videos, Reportagen

> Kostenloser 14-täglicher MARCO POLO Podcast: Hören Sie sich in ferne Länder und quirlige Metropolen!

> Gewinnspiele mit attraktiven Preisen

> Bewertungen, Tipps und Beiträge von Reisenden in der lebhaften MARCO POLO Community: *Jetzt mitmachen und kostenlos registrieren!*

> Praktische Services wie Routenplaner, Währungsrechner etc.

Abonnieren Sie den kostenlosen MARCO POLO Newsletter ... wir informieren Sie 14-täglich über Neuigkeiten auf marcopolo.de!

Reinklicken und wegträumen!
www.marcopolo.de

PRAKTISCHE HINWEISE

BAHN UND BUS

Von Hamburg fährt die Bahn über Kopenhagen, Malmö und Göteborg nach Oslo (13 Std., mindestens zweimal umsteigen). Für eine Bahnreise durch Skandinavien empfiehlt sich der Interrail-Pass (396 Euro, Jugendliche unter 26 Jahren 275 Euro für 22 Tage) oder das ScanRail-Ticket (370 Euro, unter 26 Jahren 258 Euro für 21 Tage, einige Bus- und Fährlinien gratis, auf mehreren Schiffs- und Busstrecken Ermäßigung). Die Busfahrt kann in Hamburg beginnen, Zielorte sind Stavanger (19 Std.) und Oslo (15 Std.). Reiseplanung: *NORWAY Bussekspress (www.nor-way.no | www.eurolines.com).*

FLUGZEUG

Lufthansa und SAS bieten Direktflüge von Deutschland und Österreich nach Oslo an, Norwegian auch nach Bergen. Über Kopenhagen fliegt SAS direkt nach Oslo, Kristiansand, Stavanger, Bergen und Trondheim. Ryanair-Flüge nach Sandefjord oder Haugesund sind attraktiv, ganzjährig gibt es auch Flüge mit KLM über Amsterdam nach Bergen und Stavanger.

■ AUSKUNFT

INNOVATION NORWAY

ABC-Str. 19 | 20354 Hamburg; Postadresse: Postfach 11 33 17 | 20433 Hamburg | Tel. 040/229 41 50 | Fax 22 94 15 88 | www.visitnorway.com

■ AUTO

Höchstgeschwindigkeit: in Ortschaften 50 (in Wohngebieten oft 30), auf Autobahnen 90, auf Landstraßen 80, für Gespanne 70 km/h (ungebremst 60 km/h). Abblendlicht ist rund um die Uhr Pflicht. Anschnallpflicht gilt für alle, Kinder unter vier Jahren sitzen in Spezialsitzen.

Auf einspurigen Straßen zeigt ein „M" die Ausweichstelle an. Im Winter sollte man gute M+S-Reifen und im Kofferraum Schneeketten haben. Mautstationen sind ein gewohntes Bild: Das *bompenger* liegt zwischen 10 und (bei Tunneln und Brücken) 160 NOK.

Informationen über gesperrte Straßen: Tel. 175 (Der Computer am Anfang spricht nur Norwegisch, nicht gleich auflegen!)

Pannenhilfe des Automobilclubs NAF: Tel. 81 00 05 05

■ BANKEN & GELDWECHSEL ■

Banken haben wochentags von 9 bis 15.30, Do bis 17 Uhr geöffnet (Gebühren 25 NOK pro Geldwechsel). In den Hotels sind die Gebühren höher, der Wechselkurs ist weitaus schlechter.

Es gibt viele Geldautomaten. Mit Master Card und Visa kann man in fast allen Hotels, Restaurants, Tankstellen und größeren Geschäften bezahlen. Bargeld in anderen Währungen darf in unbegrenzter Höhe eingeführt werden.

DIPLOMATISCHE VERTRETUNGEN

DEUTSCHE BOTSCHAFT

*Oscars gate 45 | 0244 Oslo | Tel.
23 27 54 00 | Fax 22 44 76 72 |
www.oslo.diplo.de*

ÖSTERREICHISCHE BOTSCHAFT

*Thomas Heftyes gate 19–21 |
0244 Oslo | Tel. 22 55 23 48 | Fax
22 55 43 61 | oslo-ob@bmeia.gv.at*

BOTSCHAFT DER SCHWEIZ

*Bygdøy allé 78 | 0244 Oslo | Tel.
22 54 23 90 | Fax 22 44 63 50 | www.
eda.admin.ch/oslo*

> WAS KOSTET WIE VIEL?

> **HOTDOG** — **AB 1,80 EURO**
an fast allen Tank-
stellen und im Imbiss

> **KAFFEE** — **AB 2 EURO**
für eine Tasse

> **BIER** — **7–8 EURO**
für 0,5 l

> **LACHS** — **18 EURO**
für 1 kg Räucherlachs

> **BENZIN** — **CA. 1,25 EURO**
für 1 l Normalbenzin

> **PULLOVER** — **AB 185 EURO**
für einen echten
Norwegerpullover

GESUNDHEIT

Fast alle Medikamente sind rezept-
pflichtig. Ein deutsches Rezept nützt
in Norwegen nichts, wichtige Medikamente gehören ins Reisegepäck.
Jeder größere Ort hat eine kommu-
nale *Legevakt* (Arztstation). Wer zur
Behandlung die Europäische Kran-
kenversicherungskarte EHIC vorlegt,
bezahlt wie die Norweger den Eigen-
anteil von 125 NOK (abends/nachts
210 NOK). Beim Zahnarzt wird zu-
nächst komplett bezahlt (350–1500
NOK). Im Binnenland und auf der
Finnmark sind ein Mückennetz und
eine gute Mückensalbe erforderlich.

HOTELS & HÜTTEN

Im Sommer sind Hotelzimmer meist
billiger, Hotelpässe wie der *Nordic
Hotel-Pass* sorgen für zusätzliche
Rabatte. Auch ohne Pass sollte man
nach Rabatten fragen.

Ein Doppelzimmer kostet in den
größeren Städten ohne Ermäßigung
700–1200 NOK pro Nacht, in kleineren Hotels und Pensionen durchschnittlich 600 NOK. Auf dem Land
gibt es oft kleinere Hotels mit niedri-
gen Preisen. Alle Hotels bieten groß-
zügige Frühstücksbüfetts.

Außerhalb der Städte sind *gjestgi-
veri, pensjon* und *fjellstue* billige
Übernachtungsmöglichkeiten. Letz-
tere sind – wie die Hütten des *DNT*
(*Den Norske Turistforeningen | www.
turistforeningen.no*) – bevorzugte
Quartiere von Wanderern, auch hier
hält der Hotelkomfort Einzug. Hütten
gibt es in allen Standards: Die ein-
fachsten für 4–6 Personen kosten in
der Nebensaison ab 2000 NOK pro
Woche (Hauptsaison bis 7000 NOK).
Die einfachste Campinghütte kostet
250 NOK pro Nacht, die größeren
mit Bad und Küche bis 900 NOK.
Hüttenvermittlung: *Novasol GmbH |
Gotenstr. 11 | 20097 Hamburg | Tel.
040/23 88 59 82 | Fax 23 88 59 24 |
www.novasol.de*

PRAKTISCHE HINWEISE

INLANDSFLÜGE

Die Dash 8 der Fluggesellschaft Widerøe landen selbst in den entferntesten Winkeln des Landes, SAS fliegt die größeren Flugplätze an. Vor allem für Reisen im Sommer lohnt sich die Suche im Internet *(www.sas braathens.no | www.norwegian.no | www.wideroe.no)* oder die Nachfrage im Reisebüro.

INTERNET

Sinnvoll und einfach ist der Einstieg über *www.visitnorway.com,* die offiziellen Seiten des Norwegischen Fremdenverkehrsamtes, oder *www. norwegen.no,* das offizielle Norwegenportal. Hier findet man Aktuelles und Auskünfte zu Reisen, Kultur, Politik und Gesellschaft in Norwegen.

Gute deutschsprachige Regionalseiten haben Westnorwegen *(www. fjordnorway.com)* und die Finnmark *(www.visitnorthcape.com).* Der beste Wegweiser zu Sehenswürdigkeiten und kulturhistorischen Stätten ist *www.olavsrosa.no,* täglich aktualisierte Wetterinfos bietet *www.se norge.no.* Neben informativen privaten Seiten *(www.norwegeninfo.net | www.norge-net.de)* verschaffen Norwegen- und Skandinavienforen (z. B. *skandinavien-treffpunkt.de | forum. norwegen-freunde.com | www.troll jenta.net)* viele nützliche Infos.

INTERNETCAFÉS

Internetcafés gibt es überall in Norwegen. In Oslo und Bergen gibt es Cafés, die rund um die Uhr Internetzugang anbieten (40–60 NOK pro Stunde), die Trondheimer Innenstadt verfügt über kostenloses WLAN. Gratis ist die Internetbenutzung in den öffentlichen Bibliotheken, stundenlanges Surfen wird allerdings nicht gern gesehen.

JEDERMANNSRECHT

Das *Allemannsrett* erlaubt allen, sich in nicht kultivierter Landschaft – auch auf Privatgrund – frei zu bewegen und bis zu zwei Tage lang zu übernachten. Menschen, Tiere und Natur dürfen nicht gestört werden, der Abstand zum nächsten bewohnten Haus muss 150 m betragen. In einigen Nationalparks sind Teile des Rechts außer Kraft gesetzt.

JUGENDHERBERGEN

Es gibt rund 70 Jugendherbergen *(vandrerhjem).* Das Bett kostet pro Nacht 150 NOK für Mitglieder, Nichtmitglieder zahlen 25 NOK mehr. Für das Frühstück oder Lunchpaket bezahlt man 50 NOK. Nähere Informationen erhalten Sie im Internet unter *www.vandrerhjem.no* oder bei *Norske Vandrerhjem (Haraldsheimvei 4 | Postfach 53 | Grefsen | 0409 Oslo | Tel. 23 12 45 10).*

MEDIEN

Viele Hütten sind mit Fernseher und Satellitenantenne ausgestattet. Über das Autoradio kann man nur auf der Mittelwelle Deutschsprachiges finden. In den *Narvesen*-Kiosken in Oslo, Bergen und anderen größeren Städten ist die Auswahl an deutschen Zeitungen groß, auf dem Land finden sich manchmal nur zwei Titel.

NOTRUF

Polizei Tel. 112
Feuerwehr Tel. 110
Medizinische Nothilfe Tel. 113

BAHN

Das Eisenbahnnetz der Norwegischen Staatsbahnen (NSB) ist mit knapp 4300 km zwar nicht sehr eng geknüpft, doch besonders auf den Langstrecken macht das Zugfahren Spaß (großzügig gestaltete Großraumwagen, guter Sitz- und Schlafkomfort). Studenten sollten sich am Schalter nach ermäßigten Tickets erkundigen.

BUSSE

Norwegen hat viele Überland-, Regional- und Lokalbusse, die jeden Winkel des Landes anfahren (Verbindungen: *www.nor-way.no*).

WÄHRUNGSRECHNER

€	NOK	NOK	€
10	79,15	100	12,64
20	158,31	200	25,28
30	237,46	300	37,92
40	316,61	400	50,56
50	395,77	500	63,20
60	474,92	600	75,84
70	554,07	700	88,48
80	633,23	800	101,12
90	712,38	900	113,75

FÄHREN

Die Fahrpläne der regionalen Fährgesellschaften: für Westnorwegen *www.rogtraf.no* | *www.tide.no* | *www.fjord1.no;* für Mittelnorwegen *www.rv17.no;* für Nordnorwegen *www.ovds.no* | *www.ffr.no*.

POST

Postämter haben in den Städten wochentags 9–17, Sa bis 14 Uhr geöffnet. In kleineren Orten ohne Amt werden die Postdienste in Lebensmittelgeschäften angeboten.

PREISE & WÄHRUNG

100 Norwegische Kronen (NOK) kosten gut 12,50 Euro oder rund 21 Schweizer Franken. Bei der Kaufkraft schneidet Norwegen schlecht ab, besonders deutlich ist der Unterschied bei Lebensmitteln. Richtig teuer ist Vergnügen: Für den „Halben" in der Kneipe bezahlt man mindestens 6,50 Euro, für ein gutes Essen 30 Euro und für die Flasche Wein zusätzlich 25 Euro.

STROM

220 Volt Wechselstrom, die gleichen Steckdosen wie in Deutschland, Österreich und der Schweiz.

TELEFON & HANDY

Die Hälfte der roten Telefonzellen kann nur mit Karten benutzt werden (in den *Narvesen*-Kiosken erhältlich). Münzfernsprecher nehmen 1-, 5- und 10-Kronen-Stücke an. Alle Telefonnummern sind achtstellig, Ortsvorwahlen gibt es nicht.

Wer ins Ausland telefoniert, wählt die Ländervorwahl (für Deutschland 0049, für Österreich 0043, für die Schweiz 0041), die Ortsvorwahl ohne die 0 und die Nummer des Teilnehmers. Die Vorwahl nach Norwegen lautet 0047. Vom Handy aus wird nur +Länderkennzahl (ohne 00) eingegeben.

Beim Roaming spart, wer das günstigste Netz wählt. Mit einer Prepaid-Karte des Gastlandes entfallen die Gebühren für eingehende Anrufe. Prepaid-Karten wie die von Global-

Sim *(www.globalsim.net)* oder Globilo *(www.globilo.de)* sind zwar teurer, ersparen aber ebenfalls alle Roaming-Gebühren. Und: Sie bekommen schon zu Hause Ihre neue Nummer. Immer günstig sind SMS. Hohe Kosten verursacht die Mailbox: noch im Heimatland abschalten!

TRINKGELD

Man sollte nur Trinkgeld geben, wenn der Service stimmt (Obergrenze 10 Prozent).

ZOLL

Das Gepäck wird zwar bis zum Zielflughafen eingecheckt, muss aber am ersten norwegischen Flughafen vom Reisenden in Empfang genommen, durch den Zoll gebracht und an einem Inlandsschalter wieder aufgegeben werden. Der Einkauf im Tax-Free-Geschäft lohnt sich. Über die Hälfte der 25 Prozent Mehrwertsteuer wird an der Grenze erstattet. Personen über 18 Jahre dürfen 2 l Bier, 3 l Wein (22 Prozent Alkohol) und 200 Zigaretten oder 250 g Tabak einführen. Wer älter als 20 Jahre ist, darf 1,5 l Wein und 1 l Schnaps (bis 60 Prozent) mitbringen. Jagdwaffen sind zu deklarieren.

Die Ausfuhr von Pflanzen und seltenen Tieren (dazu zählen auch Eier bedrohter Vogelarten) ist verboten. Bei der Ausreise dürfen 25 000 NOK mitgeführt werden. Maximal 15 kg Fisch bzw. Fischprodukte pro Person dürfen ausgeführt werden.

Zollfreie Mengen in die EU bzw. in die Schweiz: 200 Zigaretten oder 50 Zigarren oder 250 g Tabak, 1 l Alkohol über und 2 l Alkohol unter 22 (Schweiz: 15) Prozent, 50 g Parfum und 250 g Eau de Toilette sowie Geschenkartikel und Souvenirs für 175 Euro (100 Franken). Informationen im Internet: *www.zoll-d.de*

WETTER IN OSLO

Jan.	Feb.	März	April	Mai	Juni	Juli	Aug.	Sept.	Okt.	Nov.	Dez.
−2	−1	4	10	16	20	22	21	16	9	3	0

Tagestemperaturen in °C

−7	−7	−4	1	6	10	13	12	8	3	−1	−4

Nachttemperaturen in °C

2	3	4	6	7	8	7	7	5	3	1	1

Sonnenschein Std./Tag

8	7	5	7	7	10	11	11	10	10	12	10

Niederschlag Tage/Monat

3	2	3	5	9	13	16	17	15	11	7	5

Wassertemperaturen in °C

„Sprichst du Norwegisch?" Dieser Sprachführer hilft Ihnen, die wichtigsten Wörter und Sätze auf Norwegisch zu sagen

Aussprache

Zur Erleichterung der Aussprache sind alle norwegischen Wörter der Hauptlandessprache *bokmål* mit einer einfachen Aussprache (in eckigen Klammern) versehen.

AUF EINEN BLICK

Ja./Nein./Vielleicht.	Ja./Nei./Kanskje. [Ja/Nei/Kannsche]
Bitte.	(bittend) Vær så snill. [Währ so snill]
	(anbietend) Vær så god. [Währ so guh]
Danke.	Takk. [Tack]
Gern geschehen.	Det var da så lite. [Deh war da so lite]
Entschuldigung!	Unnskyld! [Ünnschüll]
Wie bitte?	Unnskyld? [Ünnschüll]
Ich verstehe Sie/dich nicht.	Jeg forstår deg ikke.
	[Jei forstohr dei icke]
Ich spreche nur wenig Norwegisch.	Jeg snakker bare litt norsk.
	[Jei snakker bare litt norschk]
Können Sie mir bitte helfen?	Unnskyld, kan du hjelpe meg?
	[Ünnschüll, kann dü jelpe mei]
Ich möchte …	Jeg vil gjerne ha … [Jei will jehrne ha]
Das gefällt mir (nicht).	Det liker jeg (ikke).
	[Deh lihker jei (icke)]
Wie viel kostet es?	Hva koster det? [Wa koster deh]
Wie viel Uhr ist es?	Hvor mye er klokka?
	[Wuhr müe är klocka]

KENNENLERNEN

Guten Morgen!	God morgen! [Gu mohren]
Guten Tag!	God dag! [Gu dag]
Guten Abend!	God kveld! [Gu quell]
Hallo! Grüß dich!	Hallo!/Hei! [Hallu/Hei]
Mein Name ist …	Navnet mitt er … [Nawne mitt är]
Wie ist Ihr Name, bitte?	Unnskyld, hva var navnet?
	[Ünnschüll, wa war nawne]
Wie geht es Ihnen/dir?	Hvordan har du det?
	[Wurdan har dü deh]
Danke. Und Ihnen/dir?	Takk, bra. Og du? [Tack, bra. Oh düh]
Auf Wiedersehen!	Ha det … [Hah de]
Bis bald!	Vi sees! [Wi sehs]

> www.marcopolo.de/norwegen

SPRACHFÜHRER NORWEGISCH

■ UNTERWEGS

AUSKUNFT

links/rechts

geradeaus
nah/weit
Bitte, wo ist …

… der Bahnhof?

… die Straßenbahn?
… der Flughafen?
Ich möchte … mieten.

… ein Auto …
… ein Fahrrad …
… ein Boot …

til venstre/til høyre
[till wenstre/till höire]
rett fram [rett fram]
nær/langt [nähr/langt]
Unnskyld, hvor ligger …
[Ünnschüll, wur ligger]
… jernbanestasjonen?
[jernbahnestaschunen]
… trikken? [tricken]
… flyplassen? [flühplassen]
Jeg ville gjerne leie …
[Jei wille jehrne leie]
… en bil. [en bil]
… en sykkel. [en sückel]
… en båt. [en boht]

PANNE

Ich habe eine Panne.

Wo ist hier in der Nähe
eine Werkstatt?

Jeg har en skade på bilen.
[Jei har en skade po bilen]
Fins det et verksted i nærheten?
[Finns deh et werkstehd i nährhehten]

TANKSTELLE

Wo ist bitte die nächste
Tankstelle?

Ich möchte … Liter …

… Normalbenzin.
… Super/Diesel.
Volltanken, bitte.

Unnskyld, hvor er nærmeste
bensinstasjon? [Ünnschüll, wur er
närmeste bensinstaschun]
Jeg skal ha … liter …
[Jei skal ha … liter]
… normalbensin. [normalbensin]
… super/diesel. [sühper/dihsel]
Full tank, takk. [Füll tank, tack]

UNFALL

Hilfe!
Achtung!
Rufen Sie bitte schnell …

… einen Krankenwagen.

Hjelp! [Jelp]
Se opp!/Forsiktig! [Seh opp/Forsikti]
Vær så snill og ring etter … straks.
[Wär so snill oh ring etter … stracks]
… en sjukebil … [en schühkebil]

... die Polizei.   ... politiet ... [politie]
... die Feuerwehr.   ... brannvesenet ... [brannwese]
Es war meine/Ihre Schuld.   Det var min/din skyld.
     [Deh war min/din schüll]

Geben Sie mir bitte Ihren   Kan jeg få navnet og adressen din.
Namen und Ihre Anschrift.   [Kann jei foh nawne oh adressen din]

▮ ESSEN/UNTERHALTUNG

Wo gibt es hier ...   Hvor er det ... [Wur är deh]
     ... ein gutes Restaurant?   ... en god restaurant?
         [en gu restorang]
     ... ein nicht zu teures   ... en ikke altfor dyr restaurant?
     Restaurant?   [en icke altfor dühr restorang]
Gibt es hier eine gemütliche   Er det noe hyggelig vertshus her?
Kneipe?   [Är deh nue hüggeli wärtshüs här]
Reservieren Sie uns bitte   Kan du reservere et bord for fire
für heute Abend einen   personer for i kveld.
Tisch für vier Personen.   [Kann dü reservehre et bur for
     fihre persuhner for i quell]

Auf Ihr/dein Wohl!   Skål! [Skohl]
Bezahlen, bitte.   Kan jeg/vi få betale?
     [Kann jei/wi foh betale]

Das Essen war   Maten var utmerket.
ausgezeichnet.   [Maten war ütmerket]

▮ EINKAUFEN

Wo finde ich ...   Hvor finner jeg ... [Wur finner jei]
     ... eine Apotheke?   ... et apotek? [et aputehk]
     ... eine Bäckerei?   ... et bakeri? [et bakerih]
     ... ein Lebensmittelgeschäft?   ... en dagligvareforretning?
         [en dagliwahreforrettning]

▮ ÜBERNACHTUNG

Können Sie mir bitte ...   Kan du anbefale meg ...
empfehlen?   [Kann dü annbefale mei]
     ... ein gutes Hotel ...   ... et godt hotell? [et gott hotell]
     ... eine Pension ...   ... et pensjonat? [et pangschunat]
Ich habe bei Ihnen/euch   Jeg har reservert et rom hos dere.
ein Zimmer reserviert.   [Jei har reservehrt ett rum hus dehre]
Haben Sie/habt ihr   Har dere noe ledig rom?
noch Zimmer frei?   [Har dehre nue lehdi rum]
     ein Einzelzimmer   et enkeltrom [et enkeltrum]
     ein Doppelzimmer   et dobbeltrom [et dobbeltrum]
     mit Dusche/Bad   med dusj/bad [meh düsch/bahd]

für eine Nacht | for ei natt [forr ei natt]
für eine Woche | for ei uke [forr ei üke]
Was kostet das Zimmer mit … | Hva koster rommet med … [Wa koster rumme meh]
… Frühstück? | … frokost? [fruhkost]
… Halbpension? | … halvpensjon? [hallpangschuhn]

PRAKTISCHE INFORMATIONEN

ARZT

Können Sie mir einen guten Arzt empfehlen? | Kan du anbefale en god lege? [Kann dü annbefahle en guh lehge]
Wo finde ich die Arztstation? | Hvor finner jeg legevakten? [Wur finner jei lehgewackten]
Ich habe hier Schmerzen. | Jeg har smerter her. [Jei har smerter här]

BANK

Wo ist hier bitte eine Bank? | Unnskyld, hvor finner jeg en bank? [Ünnschüll, wur finner jei en bank]
Ich möchte … Euro (Schweizer Franken) in Kronen umwechseln. | Jeg ville gjerne veksle euro (sveitser francs) i kroner. [Jei wille jehrne wecksle euro (sweitser frang) i kruhner]

ZAHLEN

0	null [nüll]		19	nitten [nitten]
1	en/ett [ehn/ett]		20	tjue (tyve) [chüe (tühwe)]
2	to [tuh]		21	tjueen [chüeehn]
3	tre [treh]		22	tjueto [chüetu]
4	fire [fihre]		30	tretti (tredve) [tretti (tredwe)]
5	fem [femm]		40	førti [förti]
6	seks [sechs]		50	femti [femmti]
7	sju (syv) [schü (süw)]		60	seksti [secksti]
8	åtte [otte]		70	sytti [sötti]
9	ni [ni]		80	åtti [otti]
10	ti [ti]		90	nitti [nitti]
11	elleve [ellwe]		100	hundre [hündre]
12	tolv [toll]		200	tohundre [tuhündre]
13	tretten [tretten]		1000	tusen [tüsen]
14	fjorten [fjurten]		2000	totusen [tutüsen]
15	femten [femmten]		10 000	titusen [titüsen]
16	seksten [seisten]			
17	sytten [sötten]		1/2	en halv [en hall]
18	atten [atten]		1/4	en fjerdedel [en fjäredehl]

> Die Seiteneinteilung für den Reiseatlas finden Sie auf dem hinteren Umschlag dieses Reiseführers.

Mit freundlicher Unterstützung von

kein urlaub ohne

holiday autos

gang einlegen, gas geben, urlaub kommen lassen.

holiday autos vermittelt ihnen ferienmietwagen zu alles inklusive preisen an über 5.000 stationen – weltweit.

REISEATLAS NORWEGEN

buchen sie gleich:

→ in ihrem reisebüro
→ unter www.holidayautos.de
→ telefonisch unter 0180 5 17 91 91
(14 ct/min aus dem deutschen festnetz)

kein urlaub ohne

holiday
autos

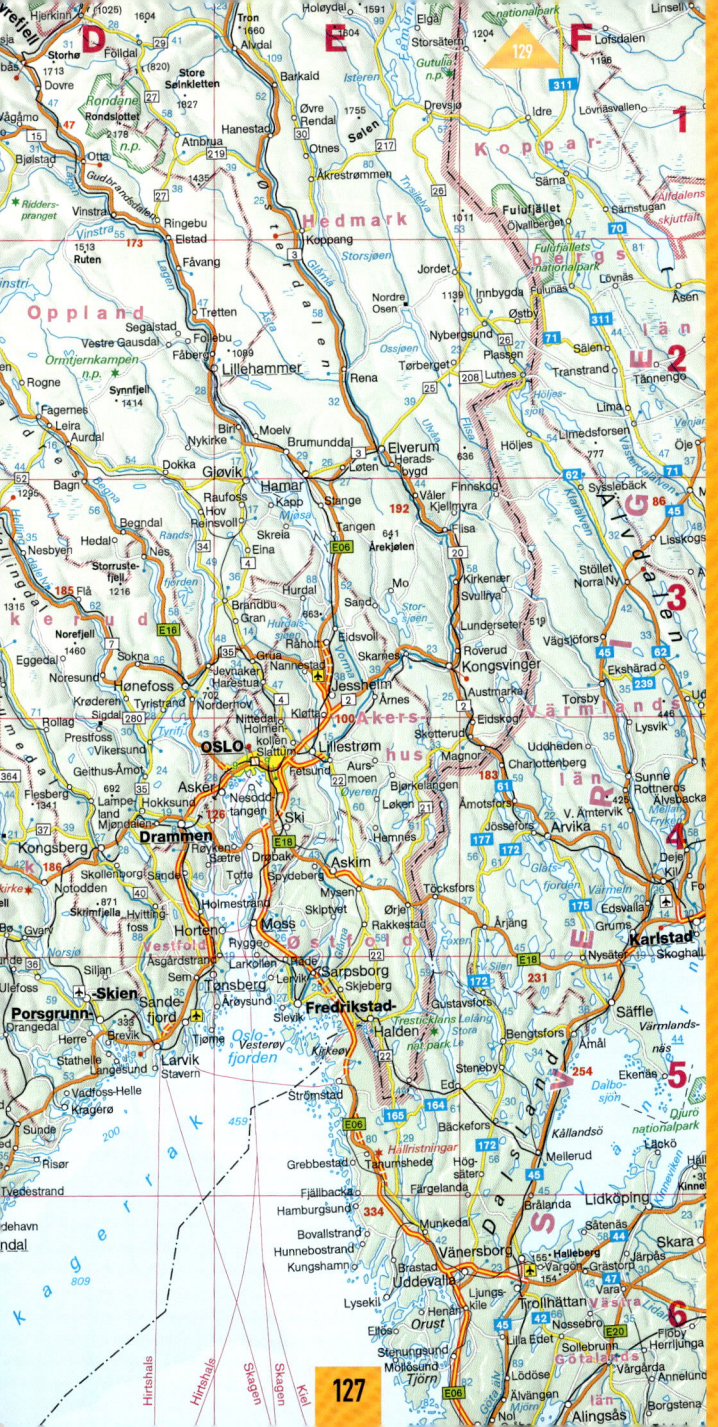

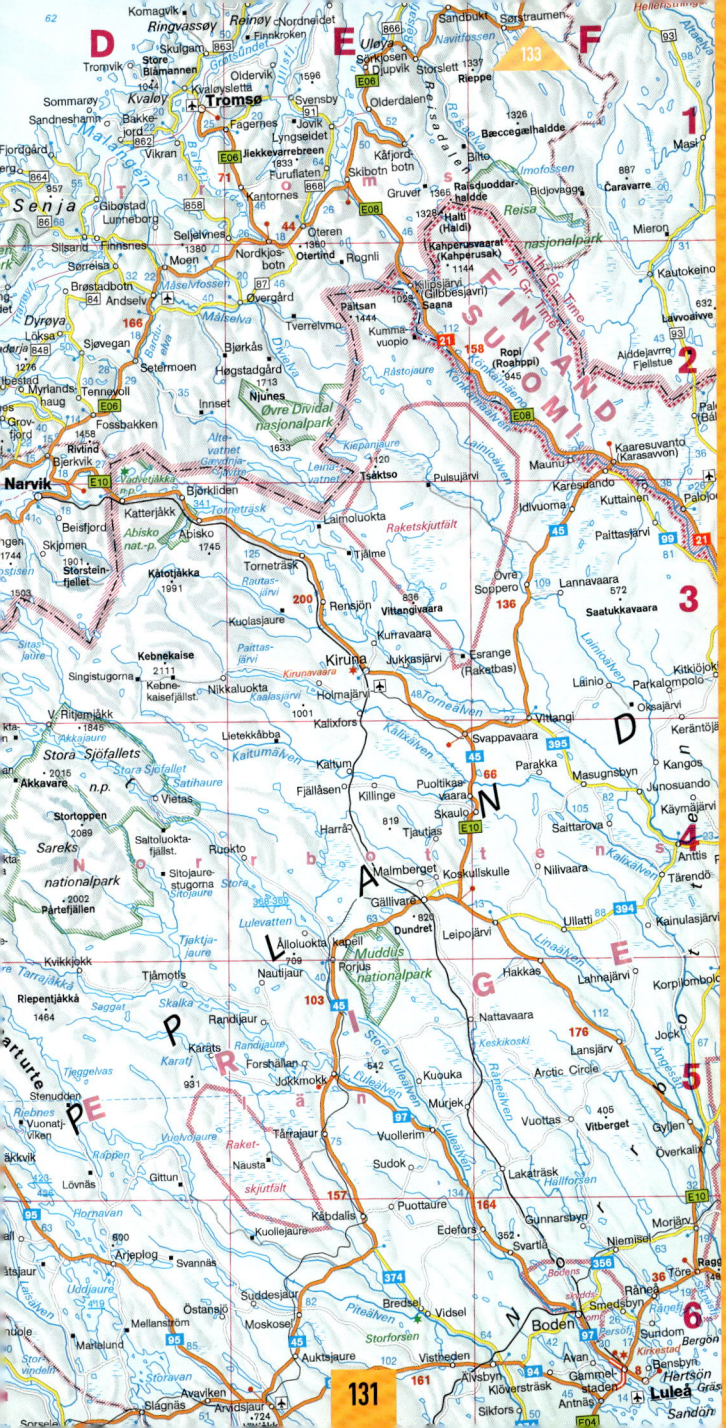

KARTENLEGENDE

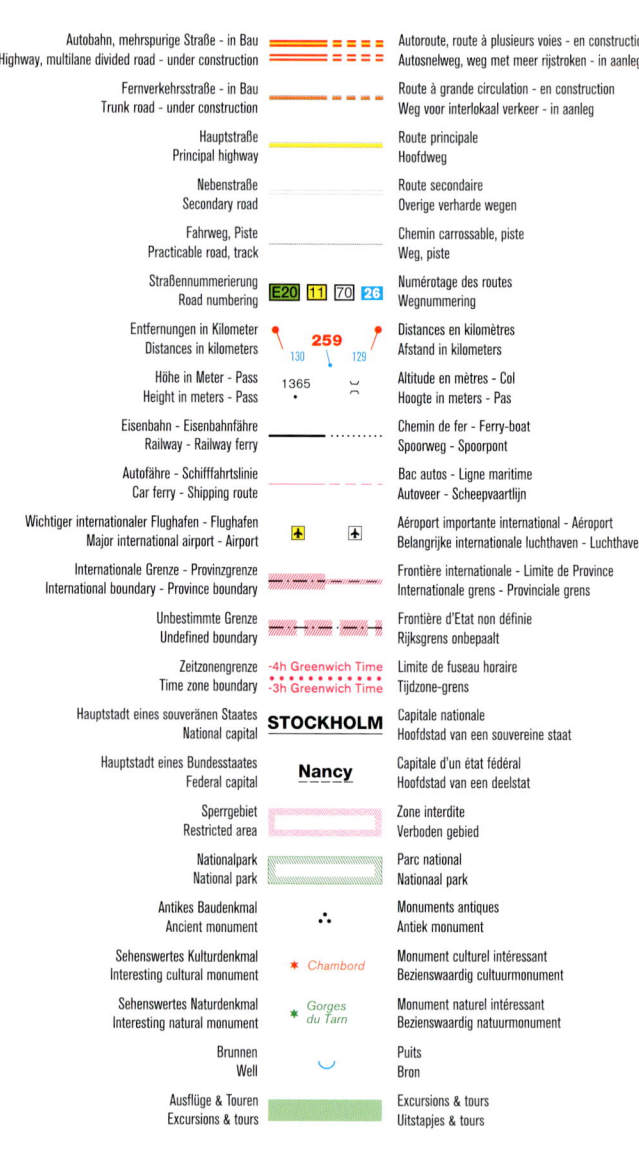

Autobahn, mehrspurige Straße - in Bau Highway, multilane divided road - under construction		Autoroute, route à plusieurs voies - en construction Autosnelweg, weg met meer rijstroken - in aanleg
Fernverkehrsstraße - in Bau Trunk road - under construction		Route à grande circulation - en construction Weg voor interlokaal verkeer - in aanleg
Hauptstraße Principal highway		Route principale Hoofdweg
Nebenstraße Secondary road		Route secondaire Overige verharde wegen
Fahrweg, Piste Practicable road, track		Chemin carrossable, piste Weg, piste
Straßennummerierung Road numbering	E20 11 70 26	Numérotage des routes Wegnummering
Entfernungen in Kilometer Distances in kilometers	259 130 129	Distances en kilomètres Afstand in kilometers
Höhe in Meter - Pass Height in meters - Pass	1365	Altitude en mètres - Col Hoogte in meters - Pas
Eisenbahn - Eisenbahnfähre Railway - Railway ferry		Chemin de fer - Ferry-boat Spoorweg - Spoorpont
Autofähre - Schifffahrtslinie Car ferry - Shipping route		Bac autos - Ligne maritime Autoveer - Scheepvaartlijn
Wichtiger internationaler Flughafen - Flughafen Major international airport - Airport	✈ ✈	Aéroport importante international - Aéroport Belangrijke internationale luchthaven - Luchthaven
Internationale Grenze - Provinzgrenze International boundary - Province boundary		Frontière internationale - Limite de Province Internationale grens - Provinciale grens
Unbestimmte Grenze Undefined boundary		Frontière d'Etat non définie Rijksgrens onbepaalt
Zeitzonengrenze Time zone boundary	-4h Greenwich Time -3h Greenwich Time	Limite de fuseau horaire Tijdzone-grens
Hauptstadt eines souveränen Staates National capital	**STOCKHOLM**	Capitale nationale Hoofdstad van een souvereine staat
Hauptstadt eines Bundesstaates Federal capital	<u>**Nancy**</u>	Capitale d'un état fédéral Hoofdstad van een deelstat
Sperrgebiet Restricted area		Zone interdite Verboden gebied
Nationalpark National park		Parc national Nationaal park
Antikes Baudenkmal Ancient monument	∴	Monuments antiques Antiek monument
Sehenswertes Kulturdenkmal Interesting cultural monument	★ *Chambord*	Monument culturel intéressant Bezienswaardig cultuurmonument
Sehenswertes Naturdenkmal Interesting natural monument	★ *Gorges du Tarn*	Monument naturel intéressant Bezienswaardig natuurmonument
Brunnen Well	∪	Puits Bron
Ausflüge & Touren Excursions & tours		Excursions & tours Uitstapjes & tours

anzeige

über den daten-
highway zu mehr
spaß auf allen
anderen straßen:

kein urlaub ohne

holiday autos

FREUEN SIE
SICH ÜBER
15 EURO
MIETWAGEN-
RABATT!

15 euro rabatt
sichern! sms
mit **HOLIDAY**
an **83111***
(49 cent/sms)

so einfach geht´s:
senden sie das wort **HOLIDAY** per sms an die nummer **83111***
(49 cent/sms) und wir schicken ihnen ihren rabatt-code per sms zurück.
mit diesem code erhalten sie 15 euro preisnachlass auf ihre nächste
mietwagenbuchung! einzulösen ganz einfach in reisebüros, unter der
hotline 0180 5 17 91 91 (14 cent/min) oder unter www.holidayautos.de
(mindestalter des mietwagenbuchers: in der regel 21 jahre). der code ist
gültig für buchung und mietbeginn bis 31.12.2010 für eine mindest-
mietdauer von 5 tagen. der rabattcode kann pro mobilfunknummer nur
einmal angefordert werden. dieses angebot ist gültig für alle zielgebiete
aus dem programm von holiday autos nach verfügbarkeit.

* vodafone-kunden: 12 cent vodafone-leistung + 37 cent zusatzentgelt des anbieters.
teilnahme nur mit deutscher sim-karte möglich.

In diesem Register finden Sie alle in diesem Reiseführer beschriebenen Orte und Ausflugsziele. Halbfette Seitenzahlen verweisen auf den Haupteintrag, kursive auf ein Foto.

IMPRESSUM

IMPRESSUM

Titelbild: Norwegische Flagge auf Boot (alamy/Caro/Jandke)
Fotos: alamy/Caro/Jandke (1); ARRANGEMENT COMPAGNIET AS (104 l.M.); DogA The Norwegian Centre for Design and Architecture / N. Lello (12 M.); C. E. Flaaten/SKIFORENINGEN (104 r.M.); Fluid Net A/S (14 o.); Fotolia / Uwe Petzl (105 r.M.), Sergfoto (104 r.u.); S. Gabriel (80); HB Verlag: 64, 77; HB Verlag, Modrow (U. r., 2 r., 3 M., 4 l., 5, 9, 11, 19, 67, 68/69, 74, 83, 86, 89, 92, 96, 103, 112, 124/125), Spitta (U. l., 35, 39, 52, 55, 100, 109); Huber: Bernhart (57), Damm (16/17), Gräfenhain (6/7, 30/31, 36, 42, 44/45, 46/47, 51, 60/61, 62/63, 73, 78/79, 84/85, 98/99, 113), H. P. Huber (22/23, 32, 41), Lawrence (59), Mezzanotte (28), Römmelt (90/91), P. J. Sharpe (94/95); E. Knudsen (Cockpit Studio, Norway) / Moods of Norway (15 u.); Kosmorama Trondheim International Film Festival (13 o.); J.-U. Kumpch (135); Look: Greune (106/107, 110/111); L. Marsdal / Smykkegal, Conzept (13 u.); Mauritius: CumoImages (26), Hillestad (70), Opitz (24/25), Römmelt (28/29); K. M. Myhre, First Hotel Grims Grenka (15 o.); C. Nowak (2 l., 3 r., 21, 22, 27, 29); J. Ott (23); F. Petterse / Estatia Resort Hotels AS Quality Spa & Resort (14 M.); Schuster: Bull (3 l., 48); J. Seelhoff (4 r., 50); H. J. Sittig (U. M., 20); E. Stegarud (12 o.); © iStockphoto.com: Hedda Gjerpen (105 o.l.), Sean Locke (105 u.r.), Fernando Caldito Lop (14 u.), zimmytws (104 o.l.); Sult AS (105 l.M.)

3. (12.), aktualisierte Auflage 2008
© MAIRDUMONT GmbH & Co. KG, Ostfildern
Verlegerin: Stephanie Mair-Huydts; Chefredaktion: Michaela Lienemann, Marion Zorn
Autor: Jens-Uwe Kumpch; Redaktion: Corinna Walkenhorst
Programmbetreuung: Leonie Dlugosch, Nadia Al Kureischi; Bildredaktion: Gabriele Forst, Barbara Schmid
Szene/24h: wunder media, München
Kartografie Reiseatlas: © MAIRDUMONT
Innengestaltung: Zum goldenen Hirschen, Hamburg; Titel/S. 1–3: Factor Product, München
Sprachführer: in Zusammenarbeit mit Ernst Klett Sprachen GmbH, Stuttgart, Redaktion PONS Wörterbücher

Das Werk einschließlich aller seiner Teile ist urheberrechtlich geschützt. Jede urheberrechtsrelevante Verwertung ist ohne Zustimmung des Verlages unzulässig und strafbar. Das gilt insbesondere für Vervielfältigungen, Übersetzungen, Nachahmungen, Mikroverfilmungen und die Einspeicherung und Verarbeitung in elektronischen Systemen.
Printed in Germany. Gedruckt auf 100% chlorfrei gebleichtem Papier
Für eventuelle Fehler trotz gründlicher Autorenrecherche kann der Verlag keine Haftung übernehmen.

FÜR IHRE NÄCHSTE REISE

gibt es folgende MARCO POLO Titel:

DEUTSCHLAND
Allgäu
Amrum/Föhr
Bayerischer Wald
Berlin
Bodensee
Chiemgau/Berchtes-
  gadener Land
Dresden/Sächsische
  Schweiz
Düsseldorf
Eifel
Erzgebirge/Vogtland
Franken
Frankfurt
Hamburg
Harz
Heidelberg
Köln
Lausitz/Spreewald/
  Zittauer Gebirge
Leipzig
Lüneburger Heide/
  Wendland
Mark Brandenburg
Mecklenburgische
  Seenplatte
Mosel
München
Nordseeküste
  Schleswig-
  Holstein
Oberbayern
Ostfriesische Inseln
Ostfriesland/
  Nordseeküste/
  Niedersachsen/
  Helgoland
Ostseeküste
  Mecklenburg-
  Vorpommern
Ostseeküste
  Schleswig-
  Holstein
Pfalz
Potsdam
Rheingau/
  Wiesbaden
Rügen/Hiddensee/
  Stralsund
Ruhrgebiet
Schwäbische Alb
Schwarzwald
Stuttgart
Sylt
Thüringen
Usedom
Weimar

ÖSTERREICH |
SCHWEIZ
Berner Oberland/
  Bern
Kärnten
Österreich
Salzburger Land

Schweiz
Tessin
Tirol
Wien
Zürich

FRANKREICH
Bretagne
Burgund
Côte d'Azur/
  Monaco
Elsass
Frankreich
Französische
  Atlantikküste
Korsika
Languedoc
  Roussillon
Loire-Tal
Normandie
Paris
Provence

ITALIEN | MALTA
Apulien
Capri
Dolomiten
Elba/Toskanischer
  Archipel
Emilia-Romagna
Florenz
Gardasee
Golf von Neapel
Ischia
Italien
Italienische Adria
Italien Nord
Italien Süd
Kalabrien
Ligurien/
  Cinque Terre
Mailand/Lombardei
Malta/Gozo
Oberital. Seen
Piemont/Turin
Rom
Sardinien
Sizilien/
  Liparische Inseln
Südtirol
Toskana
Umbrien
Venedig
Venetien/Friaul

SPANIEN |
PORTUGAL
Algarve
Andalusien
Barcelona
Baskenland/Bilbao
Costa Blanca
Costa Brava
Costa del Sol/
  Granada
Fuerteventura

Gran Canaria
Ibiza/Formentera
Jakobsweg/Spanien
La Gomera/El Hierro
Lanzarote
La Palma
Lissabon
Madeira
Madrid
Mallorca
Menorca
Portugal
Spanien
Teneriffa

NORDEUROPA
Bornholm
Dänemark
Finnland
Island
Kopenhagen
Norwegen
Schweden
Südschweden/
  Stockholm

WESTEUROPA |
BENELUX
Amsterdam
Brüssel
Dublin
England
Flandern
Irland
Kanalinseln
London
Luxemburg
Niederlande
Niederländische
  Küste
Schottland
Südengland

OSTEUROPA
Baltikum
Budapest
Estland
Kaliningrader Gebiet
Lettland
Litauen/Kurische
  Nehrung
Masurische Seen
Moskau
Plattensee
Polen
Polnische Ostsee-
  küste/Danzig
Prag
Riesengebirge
Rumänien
Russland
Slowakei
St. Petersburg
Tschechien
Ungarn
Warschau

SÜDOSTEUROPA
Bulgarien
Bulgarische
  Schwarz-
  meerküste
Kroatische Küste/
  Dalmatien
Kroatische Küste/
  Istrien/Kvarner
Montenegro
Slowenien

GRIECHENLAND |
TÜRKEI
Athen
Chalkidiki
Griechenland
  Festland
Griechische
  Inseln/Ägäis
Istanbul
Korfu
Kos
Kreta
Peloponnes
Rhodos
Samos
Santorin
Türkei
Türkische Südküste
Türkische Westküste
Zakinthos
Zypern

NORDAMERIKA
Alaska
Chicago und
  die Großen Seen
Florida
Hawaii
Kalifornien
Kanada
Kanada Ost
Kanada West
Las Vegas
Los Angeles
New York
San Francisco
USA
USA Neuengland/
  Long Island
USA Ost
USA Südstaaten/
  New Orleans
USA Südwest
USA West
Washington D.C.

MITTEL- UND
SÜDAMERIKA
Argentinien
Brasilien
Chile
Costa Rica
Dominikanische
  Republik

Jamaika
Karibik/
  Große Antillen
Karibik/
  Kleine Antillen
Kuba
Mexiko
Peru/Bolivien
Venezuela
Yucatán

AFRIKA |
VORDERER
ORIENT
Ägypten
Djerba/
  Südtunesien
Dubai/Vereinigte
  Arabische Emirate
Israel
Jerusalem
Jordanien
Kapstadt/
  Wine Lands/
  Garden Route
Kenia
Marokko
Namibia
Qatar/Bahrain/
  Kuwait
Rotes Meer/Sinai
Südafrika
Tunesien

ASIEN
Bali/Lombok
Bangkok
China
Hongkong/
  Macau
Indien
Japan
Ko Samui/
  Ko Phangan
Malaysia
Nepal
Peking
Philippinen
Phuket
Rajasthan
Shanghai
Singapur
Sri Lanka
Thailand
Tokio
Vietnam

INDISCHER
OZEAN |
PAZIFIK
Australien
Malediven
Mauritius
Neuseeland
Seychellen
Südsee

> UNSER INSIDER

MARCO POLO Autor Jens-Uwe Kumpch im Interview

Jens-Uwe Kumpch lebt seit 1987 in Norwegen. Er schätzt gegorene Forellen und das Wandern auf den Hochebenen des Landes.

Wieso leben Sie in Norwegen?

Wie viele andere bin durchs Angeln nach Norwegen gekommen. Als 17-Jähriger besuchte ich erstmals den Süden des Landes, auf meiner ersten Reise ohne Angelgeschirr – das war 1982 – begann ich, das Land zu erforschen. In den folgenden Jahren hat mich das Studium nach Bergen geführt, wo ich auch meine Frau kennenlernte.

Wie geht es Ihnen in Norwegen?

Dieses Land tut mir einfach gut. Die Natur, die Ruhe, die Menschen – ich kann diese Aspekte eigentlich nicht trennen und suche auch immer wieder Orte und Landschaften abseits der Städte auf, um genau das zu erleben. Das Miteinander der Menschen, auch im Arbeitsleben, empfinde ich fast als vorbildlich.

Wo und wie leben Sie genau?

Ich lebe mit meiner Familie in einem Vorort von Bergen, wo es in den Wintermonaten fast ununterbrochen regnet. In einem ehemaligen Fabrikgebäude direkt am Hafen arbeite ich in einer Bürogemeinschaft mit zwei anderen Journalisten und einem Grafiker. Die Lunchpausen dort sind inspirierend, und ich lerne immer neue Dinge über Norwegen und Feinheiten der Sprache.

Kommen Sie viel in Norwegen herum?

Es ist ein riesiges Land, aber ich habe das Glück, selbst weit im Norden nette Leute zu kennen, die mir ihre Gegend zeigen möchten. Weil ich – nach einigen Jahren mit kleinen Kindern – jetzt wieder mehr Zeit zum Reisen habe, kann ich mich endlich in die letzten mir noch unbekannten Ecken des Landes aufmachen.

Was machen Sie in Ihrer Freizeit?

Ich wohne an der Küste, liebe aber die Hochebenen in Süd- und Nordnorwegen. Neben dem Angeln ist Wandern zu einem Hobby geworden, und für beides gibt es in Norwegen perfekte Bedingungen.

Mögen Sie die norwegische Küche?

Eigentlich nur die Gerichte, bei denen sich die Geister scheiden. Rahmbrei, Garnelen, gegorene Forelle, gedämpftes Hammelfleisch – traditionelle norwegische Gerichte gehören zu meinen Favoriten.

Können Sie sich vorstellen, irgendwann wieder in Ihrem Heimatland zu leben?

Ich schiebe die Antwort auf diese Frage vor mir her. Meine Kinder werden hier aufwachsen, ich liebe den Sommer und den Herbst in Norwegen ...

> BLOSS NICHT!

Geschriebene und ungeschriebene Gesetze, die Sie kennen sollten

Drinnen rauchen

Das norwegische Gesundheitsministerium hat Rauchern den Krieg erklärt. In Krankenhäusern und öffentlichen Gebäuden ist das Rauchen schon lange verboten, und neuerdings sind auch Restaurants, Gaststätten und Tanzlokale rauchfrei. Ausnahmen sind Schankwirtschaften unter freiem Himmel.

Für alles danken

Das Wörtchen *takk* ist Basis aller Höflichkeit und oftmals ein Türöffner. Die Norweger bedanken sich sogar, wenn man nach ihrer Befindlichkeit fragt. Eines aber sagen Sie nicht: Danke für alles – *Takk for alt*. Das ist Grabsteinen, Kranzschleifen und Nekrologen vorbehalten. Statt dessen sind die Norweger konkret: Nach dem Essen *Takk for maten*, nach dem gemütlichen Abend *Takk for i kveld* und für das letzte Beisammensein *Takk for sist*.

Schnaps anbieten

Wo geistige Getränke so teuer sind, ist die Versuchung groß, eine Flasche Wein oder gar Hochprozentiges als Tauschware einzusetzen. Das aber kann ins Auge gehen. Besonders im Süden und Westen halten viele Menschen Distanz zum Alkohol und empfinden es eher als unangenehm, einen guten Tropfen oder Schnaps angeboten zu bekommen.

Ungeduldig werden

Die Norweger drängeln nicht. Der im Land bekannte Spruch *Ting tar tid* (Gut Ding will Weile haben) gilt für den Straßenbau ebenso wie für die Bedienung im Kaufhaus. Allerdings nicht für den Bierausschank. Gezapft wird mit sehr wenig Kohlensäure und deshalb in weniger als 15 Sekunden – und zahlen müssen Sie sofort.

Verkehrsstrafen riskieren

Überall und zu jeder Tageszeit wird das Tempo kontrolliert. Das niedrigste Bußgeld beträgt 600 NOK, fast das Dreifache (1600 NOK) kostet es, wenn Sie in der 70 km/h-Zone 6–10 km/h zu schnell fahren. Für das Abbiegen ohne Blinklicht und für das Fahren ohne Abblendlicht sind je 2000 NOK fällig. Alkohol am Steuer ist ab 0,2 Promille strafbar, ab 0,5 Promille wird der Führerschein entzogen. Ausländische Fahrer erhalten ein Bußgeld, an die Behörden im Heimatland ergeht eine Mitteilung.

Für die heimische Kühltruhe hamstern

Die Ausfuhrbeschränkungen für Fisch (siehe Kapitel „Praktische Hinweise") sollten ernst genommen werden. Die Fischbestände in den Fjorden sind bedroht, beim Zoll kann es Ärger geben, und das Gerede über Angler, die mit zwei gut gefüllten Kühltruhen auf dem Anhänger ihren Urlaubsort an der Küste wieder verlassen, verursacht Missmut auch in der Bevölkerung.